人類圖 自私的覺悟

以自己為優先，不必無來由退讓與犧牲，
做出正確決定，活出燦爛，自在過活

喬宜思
Joyce Huang ——著

目錄

第2章 41號鬧門幻想世界的視角

目錄

第3章 與暗黑的拉扯：開撕賤人與自我療癒

目錄

第5章 過了十八年，人類圖帶給我的影響

目錄

好評推薦

「Joyce的文字溫暖且富有療癒力，如同她在書中所說：『無法預知別人會如何，所以更要徹底了解自己。』只有向內看，才能知道屬於自己最好的方式是什麼。在這個震盪的時代，我推薦此書當作保平安的傍身物。」

——Allen Lin，人類圖分析師

「喬宜思之於我，是很獨一無二的存在。課堂裡，喬宜思是擅長深入淺出的名師，人生路上，喬宜思曾經對我說：『妳不妨把我當成是一個虛長幾歲的大姐姐。』身為長女，我從來沒有兄姊，喬宜思的率直肝膽、細膩柔腸，更勝兄姊。我就像喬宜思筆下的覆盆子，酸澀、帶刺、有籽，而喬宜思是巧克力，將我的倔強和獨特，看在眼裡，溫煦地將我覆蓋。喬宜思的新書《人類圖，自私的覺悟》，隨處可以感受這種無微不至的包覆。因為，從自私的覺悟中，流露出來的，是喬宜思看透人間世情之後，純然的無我無私。」

——文心藍，職場裡的人類圖

「年輕的 Joyce 在廣告公司任職時，我就認識她了。一路看著她接觸人類圖變得豐盛。如今她把路徑攤在你面前，你可以循跡，前往你的豐盛。」

——火星爺爺，作家、企業講師

「洗洗手點光明燈了！溫暖幽默，深刻清晰，唯一精準啟蒙，人類圖學海中的人類圖女王喬宜思來了。」

——胡至宜，PPAPER 主理人

「有幸聽過 Joyce 老師的一堂人類圖課程，我才發現，我們根本不曾真正的認識自己。這個我們一生最重要的意義，不容再錯過！」

——徐譽庭，導演、編劇

「很喜歡聽 Joyce 說著溫度有酸甜的故事，而每一個故事裡頭，都有一個『自己』，和你我一起做著愛與陪伴，得到與給予的，人生課題。」

——陳陸寬，貓下去餐廳創辦人

「每個來地球歷險的勇者，都帶著一張叫做『人類圖』的藏寶圖，在這有限世界裡，玩著無限的遊戲。每個英雄旅程都獨一無二，願你活出自己最精采自在的版本，Bon voyage！」

——曾薰儀，露天市集總經理

「認識 Joyce，讓我在認識自己的這條路上多了一個深刻的體會，邊活邊觀察，生命不再只有疑惑，更多的是驚喜，人類圖太好玩了！」

——蔡燦得，藝人

推薦序

人類圖不止於知識，而是真實的人生感受

——John，人類圖知名講師

本來一開頭我就要寫，我跟喬宜思是莫逆之交。我想了又想，我跟她比較像是參加搞笑比賽的選手，每一次相處都要看誰能夠更爆笑。於是，我們經常用頭來賭。對，你沒有想錯，就是那種很幼稚，然後誰輸了就頭給你之類的賭法。我現在想要很傲嬌地跟你說，我家有一個喬頭博物館。

有一件事我可以確定，她是一個敢愛敢恨的奇女子。哈哈，感覺這樣很浮誇嗎？一點都不會喔。然後她出書了，你有機會看到她的果類圖文章，你真的會有一種

「OMG」的人生，你心裡會好奇：「這個女生腦袋裡到底是裝了什麼？」

在我認識她的這段時間，我知道她的內心深信著「這世界上沒有壞人」這件事，所以她總是能夠把每一個人小心翼翼捧在手掌上，細細地發掘每個人的長處。這件事真的很不得了，所以她立志要把「人類圖」這門學問，推廣到亞洲地區，讓每個有中文字流通的地方，都可以知道愛要如何精采，愛要如何美好。

走進人類圖的世界真的是太棒了，而且只要喬宜思她發現了什麼，那就變成了驚人的事實，不是那種十億人都驚呆的那種，是真的不藏私地分享，讓你有辦法透過人類圖去研究更多人。這幾年來，我也跟著一起學習著人類圖。她真的是一個學問的超級研究者，非常認真，又非常好奇的在研究每一條線索。跟著她學人類圖，你會是那種行走江湖的知識武將。對，沒有錯，是那種吃了大還丹，功力多了一甲子的那種。

有時候，我看著她處處綻放光彩和智慧，然後毫不猶豫的投入新的人生，那是一種非常讓人羨慕的人格特質。最近，她又立志成為 Podcast 主播，把人類圖用更貼近我們的方式讓我們知道，原來我們每個人心裡都藏著一個小宇宙呀。這聽起來好像是要去火星探險一樣，一切都充滿了未知。我相信有一天喬宜思在節目裡頭，可能會突然聽到嗶嗶聲，那可能是火星人來了，因為他們覺得這個節目真是太棒了！記得去訂閱她的頻道，我們就會是第一時間知道她的新發現的人。

愛上一個人沒有理由。當你懂了，愛上一個人需要很多理由。

這是她的新書，她的新作品、新嘗試，同時也是一條美麗的風景線。走進這本書中，除了那些好玩又好笑的內容，更多的是她細膩的感情鋪陳。**人類圖在她的世界裡，終於變成真實的人生感受**，那很不同，看著看著，我已經手不釋卷地好好把它讀完。換你來接棒吧，品味每一段故事，感受每一絲溫暖，這本讓你會心一笑又心有戚戚焉的好書，將是你的最好又難忘的旅程。

前言
請自私，這就是「自私的覺悟」

人生的一切，都是自己的決定。

我認為，如果有一天，每個人能這樣活著，這個世界將截然不同。

人類圖祖師爺拉・烏盧・胡（Ra Uru Hu，簡稱ＲＡ）曾經說：「每個人都這麼不一樣，當你明白這輩子來到這世上，真正重要的其實是你所體悟的，這就是『自私的覺悟』。你和我都一樣，來到這個世界上被制約為人，身而為人，最深的制約來自於從小到大，我們被迫服從權威，於是放棄了自我。如果要活出自己，就得脫離這些制約，這並不容易，這就是現況，要做自己並不容易。」

以人類圖的角度來說，如果你明白自己的設計，尊重身體的需求與指引，為自己做決定，就是對你來說最正確的選擇。這件事情聽來簡單，其實很難，因為大部分的時候，我們不見得會以「自己」為最優先考量，我們會先考慮社會標準、普世價值、家人朋友的意見與看法、考量投入值不值得，未來是否有發展……綜合許多因素，斟酌再斟酌，考量再考量，想趨吉避凶，想圓滿，想皆大歡喜，於是不斷調整，扭曲自己的本意，拚命想找出一個最周全的決定。

為什麼不能只為自己就好？

因為「你不能這麼自私。」但是等一下，這是我的人生不是嗎？

自私是什麼意思？自私是只顧及自己的利益，不顧及他人感受，自私是以滿足自己的欲望或需求為目標，忽視他人的利益，自私是缺乏同情心，不願意分享或合作，自私是只考慮自己，而不考慮他人的立場或感受。

但事實上，我們根本無法，也無力干涉別人要怎麼感受。長久以來，我們被教育成不能自私，要顧及旁人的感受，但是我想問，旁人的感受，為什麼不能由旁人自己來負責？

有沒有一種可能是，每個人都可以自私，先做出對自己來說最正確的決定，去體驗這輩子真心想體驗的，獲得屬於自己的人生體悟。那麼，每個人就能為自己的感受負責，不必去控訴別人自私，而傷害了你的感覺，因為沒有人可以傷害你的感覺，當你為自己的人生負責任，所有感覺你會概括承受，因為那是屬於你自己，獨一無二的人生體驗。

人類的智慧與文化，不斷變動，不斷進化。而我想重新定義自私，**自私的覺悟是自己的人生，以自己為優先，不必繼續無來由，自以為的退讓與犧牲。**我也不認為自私就等於傷害別人；相反地，我認為自私之後，反倒有機會能出現更多尊重，尊重多樣性，尊重別人也可以有不同於自己的選擇。

在這個即將開展的全新世代，活出自己的獨特性，自私，是每個人都能以自己獨特的姿態，迎風搖曳，自在過活。

請自私。請活出自己的燦爛與美麗，這世界會因為有你，變得更美麗。

「人生太短，沒有時間總是為別人活。」

——奧斯卡・王爾德（Oscar Wilde），英國大作家、詩人

第1章

果類圖誕生：奇幻又真實的悲傷與快樂

這是我，身為人類圖分析師的惡趣味。

人類圖分析的是人，果類圖沒有分析，果類與人類很像，故事看似荒謬，其實合理，悲喜交雜，很難分得清。

寫著寫著，讓我想到人類圖的輪迴交叉，人類圖祖師爺RA講解輪迴交叉時，他說不想將輪迴交叉，也就是每個人與生俱來的使命，以平鋪直述的方式道盡。每個人都想知道來地球這一趟是要幹麼，但是一般人只想知道自己應當從事什麼職業，應該完成什麼目標，會不會有錢，能不能收穫真愛，而輪迴交叉並非具象的敘述，而是抽象的範疇。所以，他後來講了各種寓言故事來詮釋各種輪迴交叉。

從事人類圖工作近二十年，或許在潛移默化中，我也體會了祖師爺的惡趣味，從一開始鉅細靡遺學習知識，到現在我明白，人類圖的各種知識是途徑，我們先由理解按圖索驥，再映照自己的體驗，才能反覆確認，自己在在人生中要學習的各種課題。

希望這一系列的水果篇章，會讓你莞爾一笑，**果類圖系列其實是悲傷的故事，笑著哭著其實都一樣，每一個人所面對的難題，對另一個人來說往往是天方夜譚，而你所堅持的，不被別人理解是自然的，**就像水果們的心事，在水果攤上是聽不見的喧嘩，這些對人類來說微不足道的私語，奇幻中如此真實，是真實的悲傷與快樂。

01 憤怒的草莓：天生想幹大事，想發揮影響力

「成為你自己的夢想家，因為只有你能夠真正理解你的夢想。」

——歐普拉．溫弗蕾（Oprah Winfrey），美國電視脫口秀主持人

草莓長得太可愛了，大家根本看不見她內在的憤怒。

這道理很容易懂，草莓天生想幹大事，想發揮影響力。草莓認為所謂的大事攸關國計民生，比如說成為餵飽人類要角的根莖類，像是南瓜、地瓜、馬鈴薯這些都是有分量的食物，取自大地精華，足以拯救飢餓，這才是有承擔、做大事，能夠流芳萬世，萬眾景仰。

番茄也很好，話說番茄種類繁多，滋味酸甜，既是水果又是蔬菜，隨手可吃也能入菜，論多元性、彈性、配合度甚高，戲路寬廣得驚人，番茄懷抱對眾人的愛，愛怎麼食用都可，入口後心情如陽光般明亮，這也是一個立志做大事的果兒，有意義的道路。

相比之下，草莓，論身形太小，不耐壓也不耐放，既嬌貴又不便宜，如果單吃草莓吃到飽，錢要花不少。草莓不實際不實用也不帶飽足感，草莓的存在儼然等同快樂虛華，最適合錦上添花，放在蛋糕上，放在甜點旁，跟香檳一起也非常歡樂，儘管人類與草莓和歡樂歸於同一類，香甜微酸是初戀的味道，是幸福的味道，她卻很憤怒。

心中有江山的人，豈能快意瀟灑？心懷天下的草莓，立志要成就一番大事業，不料自己淪為娛樂大眾的角色。經年累月為此她感到憤怒，忿忿不平，原本滿滿甜味逐漸轉酸，越酸越好，她憤怒地想著，我希望自己酸得難以入喉，她認為若全世界草莓都變酸，人類就會好好正視這件事了。

結果並沒有。

不管酸甜，人類依舊溺愛狂愛偏愛著草莓，的確，草莓變得越來越酸，令人類驚訝，但是人類這麼會找理由，立刻將草莓變酸的原因歸咎於氣候變遷，反正酸味還是迷人，人類更發揮強大不離不棄的應變能力，開始為草莓撒滿細緻如雪的糖粉，發展出各種草莓加工食品、草莓果醬、草莓漬蘭姆酒、草莓漬波特酒、草莓派、草莓卡士達、草莓千層蛋糕、草莓冰淇淋……人類的舉動讓草莓震驚，她完全沒料到自己如此任性妄為，絲毫無損被喜愛的地位。

有一天，有個悲傷的女人來買草莓。她沒有食慾很久了，她的人生經歷太多不堪，長年睡眠障礙，讓她精神耗弱，她冷靜想了好幾個月，仔細盤點所有人生中的大小事項，翻來覆去實在找不到自己繼續活下來的理由，她不想吃飯，也睡不著，最後連哭泣都沒力氣了，她決定負責任為自己畫下句點。

她冷靜張羅人生最後一哩路，列出詳細清單，不慌不忙採購所需用品，原來人絕望到底，反常反倒莫名喜悅，終於能了斷的啊，她微笑了，不想活的話就負責任好好死，她買齊了每一件用品，回家路上經過水果攤，不知為何她聞到了空氣中瀰漫著，當季草莓散發出來的獨有香氣。

雖然不在原本列出的清單上，她臨時起意為自己買了一盒草莓，這曾經是她最喜歡的水果，只是為什麼喜歡，她早已記不起來，世間混亂張牙無爪覆蓋住她的記憶，失憶是在潛意識保護自己的應對模式，不想記住壞的，連好的也一併忘記。只是此刻她莫名需要草莓，毫無道理，算是此刻與地球告別的儀式吧，她跟自己說。

結束自己之前，她吃下一顆草莓，然後兩顆、三顆，她緩慢略帶吞嚥困難地將一整盒草莓終於吃完，默默她笑著留下淚水，那些早已遺忘，是細胞裡的記憶被味蕾喚醒，她想起小時候爸爸笑容滿面，遞給她當時價格昂貴的草莓，飽滿鮮豔，甜酸交雜，爸爸眼中的她如珍寶，值得擁有全世界最好的，人生就算經歷再多坎坷，她也曾經被爸爸小心翼翼捧在心尖，寵愛疼惜。

草莓的甜與酸，曾經被愛的感覺，她從來不曾失去愛，只是暫時失憶。

她並沒有大聲哭喊，也沒有激動難過，她只是懂了，草莓的滋味重新打開她的感官，心中卡著的那道關卡，過去了。

她冷靜仔細地，將原本預備結束的一切用品，整整齊齊收在儲藏室裡。人生沒有白走的路，或許有一天還派得上用場，她對自己說。同時她在內心深深感激這盒草莓，謝謝草莓夠酸，正因為夠酸才能讓她清醒過來，不管是甜或是酸，美好就是美好，草莓所帶來的刺激很神祕，其獨特性無法被取代。

只要意念夠真誠，就足以上達天聽，宇宙萬物共情共感，她的感謝自然也傳遞給全世界的草莓，那一刻，草莓似乎明白了些什麼。原來拯救世界並不是要餵飽人類的胃，而是要能喚醒他們的心。

人生在世，心痛或心碎難免，有時候那麼痛，只能遺忘，遺忘接下來就是麻木，而草莓的存在，是幸福的定心丸，提醒我們愛存在，沒有消失，你只是暫時遺忘。

草莓不再憤怒，她明白自己以不同的方式，完整了夢想，她做了大事，提醒人類幸福是本能，那就是喚醒內在幸福的印記，這是拯救靈魂的唯一解法。

02 彆扭的覆盆子：不願意依循社會價值而活

「在愛自己的道路上，有時候需要狠心一點。」

——麥莉・希拉（Miley Cyrus），美國百變流行天后

覆盆子的問題在於，他不願意依循社會價值而活，不想變甜討好誰，不想變得豐腴肥厚、多汁飽滿，不想取悅，不想順應人類的喜好而活，當水果也要有果格，何必討好？覆盆子常常翻白眼，內在總會無端生出一股反叛力量，嚴厲叩問世上每一條既定的規範。

為什麼？你告訴我為什麼啊？為什麼非得如此不可？

覆盆子酸，形狀小，細細的籽，入口會帶來莫名挑釁刺刺的口感，那是她特意展現的任性，覆盆子很得意，說我龜毛？我就長毛，有意見嗎？愛我嗎？愛吃嗎？愛這偏酸稍甜的口感嗎？你怎麼可能不愛我漂亮的紅色調？你怎麼可能不愛我不羈的神態？承認吧，臣服吧，你無能為力，你就是被我吸引，不是嗎？

從骨子裡透出的反叛，追根究柢來自於草莓，還記得那從小想做大事，一天到晚很憤怒的草莓吧？覆盆子是草莓的表妹，覆盆子一直羨慕草莓人見人愛，大家都愛草莓，明明覆盆子長得跟草莓頗相似，卻總覺得與草莓站在一起，自己就是活脫脫的冒牌貨。

年代久遠不可考，不知從何開始，人類對草莓的喜愛，遠遠大於覆盆子，為此覆盆子常常將自己與草莓不斷比較著，她認真檢討是不是自己不夠好，還是個性古怪，所以不討喜？她想不通為什麼草莓天生被眾人喜愛，而不是她，覆盆子其實並不好受，她本來還抱著希望，覺得只要努力與草莓看齊，或許有一天也能跟草莓一樣好。所以她努力壓抑自己，強迫自己圓融，不要有稜有角，修正到最後，勉強修成現在圓圓的模樣，但是依舊刺刺的，她多麼希望自己能像草莓一樣甜美，卻沒料到自己越模仿，越渴望獲得喜愛，越容易招來各種恥笑，說她搞不清楚狀況，說草莓就是獨一無二，是天之驕女，你就算一輩子拚命模仿草莓又如何，你永遠不會是草莓，你就是個覆盆子。

你就是個覆盆子。

這句話真傷人，到底我是個覆盆子又怎麼了？不甜又怎麼了？有小粒粒又怎麼了？被笑了幾百年之後，覆盆子從原本的怯懦走向絕望，她的心越來越空虛，空虛久了就變成空洞，於是變成了我們現在所看到的覆盆子，果實核心變成空，凹進去的模樣。

失去心的覆盆子瞬間黑化，她告訴自己，這世界上就是爛人一堆，有人嘲笑你，有人揶揄你，有人看不起你，有人就是覺得你就爛，我無法如草莓甜美，那就酸到底吧。是我愚蠢才會這樣處處求全，想壓抑隱藏本性，到底，是誰規定莓果就是甜？為什麼？你告訴我為什麼啊？為什麼非得如此不可？

最需要愛的，往往最彆扭，最嗆辣最倔強的，其實最柔軟，極端個性在愛恨兩端擺盪，無法一直哄騙自己，曾經想委屈勉強自己，多麼期待被愛填滿，卻如啞巴無法說出口，無法問，不能要，無法請求，無法說出「你可以愛我嗎？」到最後她對自己說，我退出，我放棄，我不要，我多想愛卻萬般保留，太恐懼，墜落時無人能接住我，不願到最後，連僅存的自尊都摔成碎片。

我做不到，夠了，就是這樣了，我就酸，我就刺，我就是要美到底，紅到透，豔麗得讓你垂涎欲滴，我就不順從，原本我就是美好，我就是我。

覆盆子的裝甜人生終於走到盡頭，反叛的勇氣帶來突變，一開始是賭氣嘴硬，大聲嚷嚷我才不在乎人類愛不愛我，是你不懂欣賞，不關我的事，損失的又不是我，講著講著自己都當真了，畢竟人生有時候，就是要對自己狠心，若最糟的結果，是孤獨走完全程，有沒有被別人愛，真的有差嗎？覆盆子凶狠地對自己展開全方位靈魂拷問，說也奇妙，竟然從頑固與執拗中，逐漸恢復平靜。

有一天晚上，平靜的覆盆子作了一個夢，在夢中，大天使問她，你知道為什麼你的名字是「raspberry」嗎？覆盆子搖搖頭。

大天使意味深長看著她，「在古代，你原本是白色的，這名字來自於拉丁詞彙的 *raspe*，意思是傷口。」

「傷口？」

「是的，人們相信你能治療傷口。」

「原本我是白色？現在為什麼是紅色呢？」

「你有治癒的力量，你希望受傷的人一眼就能看見你，是你內在的熱情，所以從白色蛻變為顯眼漂亮的紅色。」

「為什麼我完全記不起來了？」

「長久累積的羨慕與忌妒，會失去自己。」

覆盆子醒來後，回想過去這段迷失的日子，那原本精神充沛，許願滋養治癒人類的熱情，單純又簡單，根本不需要來自外界的任何肯定，就能活得富足不虞匱乏，自己是從何時開始，變成一副討愛又倔強的模樣？

她忍不住大哭起來，眼淚讓壓抑已久的委屈，完整宣洩出來，將原本的酸稀釋掉了，化為苦盡釋懷的甜味，原本心結解開了，不再比較，與草莓比較是完全無意義的，覆盆子第一次體會到自己有多好，酸酸甜甜稍微帶點苦，是微妙平衡的滋味，特殊的水果香氣，好鮮明。

覆盆子變了，她開始微笑看待這世界，每一天就算空心活著，也不在乎別人是否喜歡她，只要每一天，練習越來越接受自己，這就夠了。

巧克力在旁將一切靜靜看在眼底。

覆盆子的改變讓他驚豔，也讓他心動，他決定表白，他告訴她，你有刺但是沒關係，你是空心的，那也沒關係，我可以施展魔法喔。巧克力將自己融化，甜甜填滿覆盆子的空心。我在。你不必改變自己，你願意和我在一起嗎？

猜猜看，覆盆子的回應會是什麼呢？

忠於自己，愛將以各種想像不到的方式，將你溫柔覆蓋。你是被愛的，一直都是。

03 葡萄的陰影：是宿命，也是禮物

「不要總是犧牲自己，保護好自己的底線。」
——露西．莫德．蒙哥馬利（Lucy Maud Montgomery），加拿大作家

葡萄的問題來自童年的陰影。

葡萄內心留有某個陰暗角落，埋藏小時候被霸凌的記憶。有一群壞心的水果同學，手牽著手圍著葡萄不停大叫著：「吃不到葡萄說葡萄酸，吃不到葡萄說葡萄酸，吃不到葡萄說葡萄酸，哈哈哈哈，狐狸說你是酸的，你是臭酸葡萄！」

面對這些嘲弄與汙辱，小小葡萄不停辯駁我是甜的、是甜的、是甜的，但是他們繼續嘲笑他，踐踏他，甚至作勢要吞下他，又故意裝噁心想吐，每張臉放大在他面前大聲叫囂：「你好酸！吃不到葡萄說葡萄酸，吃到葡萄說你超級酸，你是酸葡萄爛葡萄沒人要的葡萄！」

葡萄不想緊抓這段記憶，人說遺忘是神的仁慈，很明顯神並沒有對葡萄仁慈。宇宙的定律是越抗拒，越持續。越刻意假裝自己不在意，就容易將陰影淬鍊為鬼魅，時不時出來纏住你。

無計可施，葡萄立志要成為全世界最甜的水果，就算甜到膚淺沒深度，甜到發膩，甜到無天良，沒有關係，真的沒關係，他號召紫葡萄青葡萄黑葡萄白葡萄紅葡萄馬奶子葡萄無子葡萄什麼葡萄都好，他告訴大家葡萄就是要甜，為了洗刷恥辱，葡萄們要團結一致變超甜，才能重寫吃不到葡萄說葡萄酸的江湖傳說，達標的結果就是要甜到人類忍不住一口接一口，再甜到血糖飆升，沒有什麼三分甜、五分甜、八分甜、十分甜，葡萄立志要超越這一切，做到跟吞糖沒兩樣的，極度甜。

某種程度來說，這相當激勵人心，葡萄克服童年創傷的做法非常積極正面，一天到晚研究如何變得更甜，再也不要當酸葡萄，再也不要想起，那被霸凌被嘲笑的黑暗過往，所有陰暗都向陽，化為舌尖的一抹極度甜。

他如此認真努力，費盡洪荒之力要讓自己變得更好（更甜），拚命嘗試各種祕方，堅持實驗各種作法，比如說強迫自己喝下牛奶，還吞下牛糞吸收養分，天天跟玫瑰花聊天，想說這樣甜味會不會帶著花香，某段結果時期會強制自己減少攝水量，希望將甜分提升至最極致，每一天都對月亮與星星許願，祈禱宇宙能賜與自己超級無敵甜之神力，儘管有時候好辛苦想哭，葡萄還是不放棄，為自己打氣加油，勉勵自己，穿越陰暗的路徑就是變得更甜，甜能化解一切。

水果同儕們看他這麼辛苦，紛紛勸他放下過往，這些暖心的言語讓他哭泣，他多想放下，有些理論說，只要回溯陰影，穿越，就能讓自己走出來。葡萄於是回溯過往無數次，結果引發記憶發酵，竟創造出葡萄酒，他驚訝又自責，必定是自己還不夠努力，才無法放下吧，勤能補拙，他繼續不斷回溯無數次，希望自己可以放下，事與願違，百尺竿頭更進一步，他進一步釀出了紅酒、白酒、香檳和粉紅氣泡酒。

葡萄終於累了。

他真的累了，長久以來這麼努力，葡萄的甜度已經提升到不可思議的地步，發酵的技術日新月異，全球酒莊蓬勃發展，人類喜愛葡萄已經不需要什麼理由，吃不到葡萄說葡萄酸，已經是上個世代遙遠又古老的說法。

有天福至心靈，葡萄朝自己的內心深處大聲呼喊，哈囉！我的童年陰影你還在嗎？還在嗎？還在嗎？還在嗎？還在嗎？宛如山谷裡的回音，音節交疊覆誦，聲音迴盪深深淺淺，在葡萄體內迴響。

葡萄難得微笑了，果然是還在的，一直都在，他明白時間能淡化一切，他想自己本來能忘掉的，是太想放下所以百般回溯，太用力，每次回溯都是再一次強化傷害，經年累月早滲入細胞的記憶，有些片段模糊了，有些還是清晰，有些的確還痛苦，但痛苦也早已發酵成完全不同的樣貌了。

放棄放下才會放下，這才是真正的道理，葡萄領悟許久才明白。

他明白所有發生過的事不能抹滅，但是可以選擇優雅轉身，可以埋葬過去的傷痛，想到的時候，我可以到心裡的墳前送束花，而活著的每一天，我可以變得更甜，我可以創造出更多風貌，更讓人陶醉（喝醉）。

陰影是宿命，也是禮物，至今葡萄依然朝更甜的境界邁進，永不放棄。

04 內疚的紅心芭樂：背負眾人的期待與投射

「在追求自己的目標時，有時需要擺脫他人的期望。」

——瑞秋．赫本（Rachel Hepburn），英國社會工作者

紅心芭樂真心不懂，到底從何時開始，大家一致認為他能幫人類減肥，這讓他壓力很大。

紅心芭樂剛降臨地球的時候，白白淨淨，核心帶著些微淡紅色，非常可愛。想當初，紅心芭樂在印加文化中，被視為珍貴的水果，是神聖的食物，象徵豐收與繁榮，印家人常常在宗教祭祀中使用紅心芭樂來祭神，他們相信紅心芭樂有神祕力量，吃了之後

人類就可以通靈，也會獲得祝福。

真是莫名其妙，雖然是很久以前的往事，已成歷史，但紅心芭樂至今依然耿耿於懷，他還是想不通，為什麼大家對他有這麼多想像空間，無明的投射，加上一大堆期待，他真的心情很複雜。

回想在印加時期，為了要符合神聖形象，深怕自己的紅心不夠紅不體面，還刻意染上胭脂，對外表與妝扮格外在乎，他挑了很久許久，才挑上一款極有質感的嫣紅，每次出場都不能失格，他盡其所能讓體態更完美，所以每個過程他都聚精會神很是謹慎，不多吃，也不能少吃，穠纖合度，才能充滿表達出人類所認知的神聖感。

後來被投射的程度越來越不可思議，在祕魯、哥倫比亞、厄瓜多爾和巴西，人們認為紅心芭樂具有藥用價值，可以治療各種健康問題，包括消化問題、感染、疼痛和發炎等，雖然從沒人真正證實過，但卻深信不疑。這讓紅心芭樂壓力更大了，他思索著人類或許智商不高，容易人云亦云，但這一切投射到底與他何干。從另一個角度來說，紅心芭樂雖然不斷覺得壓力大，卻從未真正抗拒過投射，畢竟人類所賦予的各種想像，讓他有強烈被重視的感受，確實也滿足他的虛榮心。

「畢竟我是來解決人類問題的救世主啊。」不在其位，不謀其政，紅心芭樂默默下了定論，果在其位，必行其事，我更要戒慎恐懼如履薄冰，把外表方方面面都管理好，畢竟顏值太重要，人類大多淺薄，眼見為憑，重視的就是外表。

紅心芭樂是對的，他逐步確立自己全球化的地位，在印尼、菲律賓和印度等地，被運用在傳統醫學上。經年累月耳語傳播的結果，當紅心芭樂到了東北亞地區，像是香港、台灣、新加坡、韓國、日本，這是女人矢志要纖細要瘦地球區塊，平地一聲雷，紅心芭樂爆紅，眾人開始瘋傳「吃紅心芭樂可以減肥」，這真不得了了，減肥是全世界女人一生懸命，無法被任何事物取代的志業，不管是什麼鬼玩意兒，只要跟減肥扯上關係，眾人立即趨之若鶩，狂賣大賣，賣到斷貨為止。

這一波減肥的投射與期待，成了壓垮紅心芭樂的最後一根稻草，他已經沒有餘力研究這股風潮從何而來，紅心芭樂推敲表哥泰國芭樂正在泰國爽，應該不會惡搞他，會不會是土芭樂口無遮攔，到處胡說八道？不管是誰造謠，他深深恐懼自己無法使命必達，辜負廣大女性期待，他真心不想讓人失望，如果可以向神祈求，他不求自己延年益壽，只求每位女性咬下一口紅心芭樂，體重立刻下降一公斤。

當然，神完全不理會紅心芭樂的妄想症。這真苦了紅心芭樂，壓力爆棚，他只好匆匆忙忙想替大家做些什麼，但是說真的，他又能為眾人的肥胖做些什麼呢？想到這世上暴飲暴食者眾，肥胖猶如不可擋之海嘯洪流，這可讓紅心芭樂想了就心慌，心慌急躁更容易臉紅，想到無處可施力更是莫名內疚，幾秒鐘壓力高漲，使他火速轉為更紅更嬌媚的模樣。

「人類對我的期待這麼高，無法使命必達，我真的很抱歉。」長年處於內疚的窘境，他真心想為人類消滅肥胖的煩惱，雖然這一開始就不關他的事。從古老祭壇神聖之果，走到現在被迫上任的減肥專家，他背負起各種無來由的荒唐頭銜。他宛如拚命要求自己的小學生，只因眾人夢見神明指示，認為他是神果一枚，所以被拱到大學殿堂，要替大學生寫考卷，過分的是他不只要寫，還要取得高分。紅心芭樂前後為難，不寫是內疚，亂寫是罪惡，鬧劇一場的結果，當然成績很爛，人類失望之際，又大罵紅心芭樂是開什麼芭樂票。紅心芭樂再度深深內疚，只好躲起來，變成俗辣。

我到底為什麼要內疚呢？

紅心芭樂覺得自己生病了，他傳訊息到泰國去，表哥泰國芭樂聽完之後，只是笑呵呵問了紅心芭樂一個問題：

沒有替人類減到肥，你違背了任何道德倫理嗎？

紅心芭樂說沒有。

替人類減肥，你有獲得任何好處嗎？

紅心芭樂回答沒有。

泰國芭樂嘆氣了，語重心長，他對紅心芭樂說：「你的內疚其實是假議題，困惑是煙霧彈，你一開始就不必承擔撐不起的期待，高壓下你會崩潰也是活該，這並不意外，其實你想獲得的是讚賞，你只想肯定自己。」

「你到底想成為一個什麼樣的芭樂？」

紅心芭樂呆掉了，將眾人投射的藉口拿掉之後，他感覺自己好赤裸。他不知道，也沒有答案，而這一刻就是紅心芭樂踏上英雄之旅的起點。

05 藍莓戰爭：「小心，不要長太大」的魔咒

「有時候，要做自己並不是自私，而是為了生存。」

——瑪格麗特．愛特伍（Margaret Atwood），加拿大作家

很久很久以前，地球上有一個綠意盎然的小山谷，那裡生長著一群藍莓。這些藍莓比現在的模樣大得多，顏色依然深藍帶紫，獨特顯眼。藍莓的個性大而化之，不習慣比較，所以不忌妒也不羨慕誰，每一顆藍莓自成一格，活得挺愉快。深色果實畢竟不常見，加上藍莓圓滾滾長得很可愛，珠圓玉潤很討喜，成熟的藍莓還會散發出一種令人愉悅的甜味，帶點微酸，是屬於大自然的清新滋味，充滿誘惑力，難以抗拒。

除了長相好，味道佳，藍莓的性格也開朗，與生俱來天真善良的本性，成群成串一起長大，永遠都不覺得孤單，這一切如此美好，藍莓常常覺得自己很幸運，深信明天會更好，世界很光明。一起開花，一起結果，兄弟姊妹整齊排排一大串，彼此照顧，彼此支持鼓勵，體驗生命，藍莓的世界是可愛的烏托邦，是乾淨無菌的主題樂園，只有好人，沒有壞人，正面又光明。

只不過，主題樂園也是會被放進壞人的，意外總是時不時突然發生，像是老天不經意開的一場玩笑。

有一天，有一顆藍莓突然覺得不太舒服，不知為何，像是吃壞肚子一樣，肚皮突然像吹氣球一樣，突破原本極限，越長越大，越長越大，藍莓皮又薄，所以當這顆詭異暴長的藍莓肚皮撐到極限，宛如氣球灌入太多氣，突然在瞬間，撐破了，皮破肉綻，驚人大爆裂，果肉濺得到處都是，目睹這一幕的藍莓全驚呆了。

後來，陸陸續續有幾顆藍莓也感覺不舒服，有些像變胖一樣撐大，幸好還可控制，沒有爆裂，只是搖身一變成為藍莓界的相撲選手，有些則是撐到最大太不舒服，結果裂出一條縫，像是刀疤一樣，很不雅觀。這到底是怎麼一回事？是病毒嗎？還是一場傳染病？為繁星般的世間謎團，無法解釋又添一樁。

沒人知道該說什麼，或應該說些什麼，面對突如其來的劇變，伴隨而來的是未知的質變？還是突變？經歷嚇人事件後。當場目睹的藍莓全都噤聲不談，他們嚇壞了，畢竟這件事發生得太快太迅速，結束得太戲劇化太激烈，不知道該說什麼好，靜寂的瞬間不斷延伸，長期的沈默中衍生出更深的恐懼，大家不敢說，無法討論，欠缺解釋，更不知從何聊起，這事件就這樣成為某種鬼魅似的存在，甚至是詛咒一樣，化為藍莓的集體意識。

「小心，不要長太大。」

演變到最後，留下來的只剩這句話。藍莓們彼此提醒著，沒頭沒尾的，也不知道為什麼，這代代流傳下來的叮嚀，儼然已成為藍莓的自我防禦守則，千萬記得，小心，不要長太大。

藍莓還是照舊過的原本的日子，但是過去無憂的生活已經消失，他們時時輕聲細語提醒彼此，為保平安，小小的就好。一切都小小的，花開得小小的，果實也小小的，小就是好，小就是美，小就會平安，小就會維持原本的天真與快樂，命運充滿不可知，只要保守小心謹慎地活著，就能減低不幸的機率。

就這樣，十年過去了，五十年過去了，百年過去了，藍莓早已習慣自我設限，雖然體積小小的，也學會肯定自己，我們小雖小，顏色漂亮，滋味獨特，是個小小珠寶盒，精緻美好，這就是藍莓最棒的特色了。

有一晚，當夜空繁星閃爍時，遙遠的天王星傳來了一個神祕的訊息。

天王星說：「藍莓啊，你的恐懼和束縛，僅僅是一個古老事件所帶來的陰影，這不應該成為你永遠的枷鎖。」天王星的訊息充滿了智慧和啟示，鼓勵他們勇敢面對未來的挑戰。

這是什麼意思？天王星是要我們拚命長得更大嗎？「小心，不要長太大。」這訊息宛如魔咒，深植在藍莓的基因裡，天王星的訊息既悠遠又美好，卻不知道該如何實現，是要我勇敢生長突破極限嗎？那該長成什麼樣？想到這裡，藍莓突然一陣恐慌，要長到像蘋果？芒果？還是像西瓜巨大，才算活出自己呢？

藍莓們為此意見分歧，分成兩派，有一派認為應當維持現狀，依循「小心，不要長太大。」的祖宗遺訓，小心能駛萬年船。另一派則認為天王星都說了，我們更應當勇敢激進，破除「小心，不要長太大。」的萬年魔咒，藍莓們不應活在莫名其妙的恐懼裡，不該自我設限，要解放，尋求突破，發揮潛能，試探極限。

本來和樂的藍莓山谷，經過兩方各自表述，爭論不休，堅持各自的觀點，不斷辯證、吵架、爭執，變得烏煙瘴氣，相互激怒，越演越烈開始相互攻擊，攻擊容易模糊焦點，吵到後來一堆藍莓小腦根本忘記在吵什麼，這根本是一場藍莓戰爭，戰爭的重點只是不斷堅持自己是對的、是對的、是對的，況且吵架實在太耗力氣，氣完倒頭就睡，睡醒繼續互罵，就這樣內耗了整整一年，一整年什麼都沒做成，已經快錯過花期，如果沒開花就不會結果，沒有結果又怎麼還會有藍莓？突然藍莓們驚覺，天啊，我們虛耗太久了，再繼續吵下去還管小不小大不大，我們根本就要滅種了啊。

那怎麼辦呢？快點趕著開花吧。那開花之後怎麼辦？要「小心，不要長太大」嗎？藍莓們六神無主，隨便吧，先結果吧，都來不及了，所以這一年，藍莓只忙著做自己該做的，沒時間去管別人，沒有規定，沒有制約，沒有限制。

你猜後來結果怎麼樣了呢？

那一年有些藍莓大，有些藍莓小，沒有任何藍莓遭遇不幸，每顆藍莓都很平安，奇妙的是，那年藍莓的滋味是前所未有最豐富的一年，有甜有酸，還有從未有過複雜的深度，吃了讓人莫名想微笑，同時也生出勇氣，渴望有所突破，能夠做些不同的選擇。

「小心，不要長太大」的魔咒，隨著進化輪軸向前推進，已靜悄悄隨風而逝，藍莓們迎向的是一個獨立自主的全新時代。

06

戀愛中的釋迦：問答糾纏的腦中小宇宙

「如果你不敢愛自己，別人也不敢愛你。」
——卡蜜拉．洛奇（Camila Cabello），古巴裔美國歌手

釋迦的問題在於，他想太多。

他腦中一天到晚都有一堆亂七八糟的東西在跑，從明天上班可能會遇到的麻煩，到市場蔬果農藥含量是否超標？不知道北韓會不會發狂發射核彈，到底彗星下次會不會撞上地球？人類會滅亡嗎？隔壁的阿婆最後能不能接受兒子是同性戀？還有台灣的生育率這麼低，不久的將來會滅種，該怎麼辦？

釋迦習慣大量思考，也習慣自尋煩惱，找不到答案的時候異常困惑，一旦合理化找到答案，就會變得異常興奮，並將答案視為真理。

所以釋迦外皮上每個小圓鱗片突起，都是他曾經冒出過的疑惑，果肉裡每一顆黑色果核，是他從過去到現在一直延伸至未來，尚未解開的問題，每個問題鬱結為一粒粒黑色的註解，像瘤，在心底。他完全不理會自己有多甜，釋迦是甜度破表的果類冠軍，這些他通通不在意，只困在每個令人百思不得其解的問題裡，拚命鑽研。

如果想通了會怎麼樣呢？

曾經有人這樣問釋迦，釋迦也這樣問自己，如果想通了自然很好，只是這世間哪有真正想通的道理？每個問題都有解答，而每個解答又指向下一個問題，答案是終點，問題是追尋，又或者我們追尋的是答案，問題指向不可知的終點？釋迦沒有答案，冷不防又多出了一個問題，在這迷宮自問自答的迴圈裡。

當番茄出現在釋迦的世界裡，面對鮮紅活潑的番茄，瞬間他有種腦袋當機的感覺。好漂亮好平滑的臉皮啊。釋迦默默讚嘆著，然後下一秒他開始思考，為什麼會有水果長得這麼可愛呢，番茄紅通通的臉，理所當然晒著太陽，從綠到紅慢慢變化著，理所當然似乎一切都會順利的，沒有憂慮也沒有疑問，總是笑嘻嘻每天對釋迦問好，番茄總是說，「釋迦你好嗎？今天又是好棒的一天呀，真好。」釋迦點點頭，他不知道自己好不好，他開始分析要怎麼才算好，怎麼又是不好，他認真回答番茄的問候，「親愛的番茄小姐，我今天大約是五分好，十分是滿分，所以我大概一半好。」番茄大笑了，番茄說他不必這麼認真，看看今天陽光多好。

每天番茄都會問釋迦，你好嗎？每天釋迦都要思考許久，才能給出答案。過了一段日子，番茄說，「跟你在一起的時光都很耀眼，因為天氣好，因為天氣不好，因為天氣剛好，每一天，都很美好。」說完，她開心地瞇著眼睛享受陽光的洗禮。

這段話讓釋迦的心怦怦跳，他腦中運轉飛速得快冒煙，他想著番茄是什麼意思？番茄是愛上他了嗎？這是愛情嗎？我該怎麼辦？我愛番茄嗎？我該怎麼定義愛情呢？我愛上她什麼呢？她如果愛上我，我又有什麼優點值得她愛呢？如果我們真的相愛了，會有未來嗎？就此一連串無緣無故衍生出來的問與答，讓釋迦更加苦惱了，這些苦惱幻化為更多不斷冒出來的疑惑，讓釋迦的表皮更不平整了，無法平整，一片片如鱗片般的突起，內含糖般的甜蜜滋味。

我戀愛了嗎？

她是愛我的吧？但她又愛我什麼呢？我都不確定我愛不愛我自己，為什麼番茄會愛我呢？我配得上番茄嗎？她這麼紅，我一輩子都不會變紅的，她這麼平整光滑，我就算雷射除斑，打鳳凰電波與時光逆行，也不可能像她那樣美麗，她到底愛我什麼呢？還是她根本不愛我，只是我想太多了？如果是這樣，我是不是該跟她表白？但是我真的確定愛上人家了嗎？還是她根本沒這意思，只是我多想了呢？我該問她嗎？還是裝傻比較好？比較不尷尬？天啊，我到底該怎麼辦才好？

釋迦苦惱了好一陣子，番茄依舊天天向他問好，隨著時序漸近，番茄逐漸成熟了，釋迦想表白，又覺得自己太唐突，但如果什麼都不說，是不是又辜負了番茄的一片心？

「跟你在一起的時光都很耀眼，因為天氣好，因為天氣不好，因為天氣剛好，每一天，都很美好。」終於，釋迦鼓起勇氣，對番茄複述了這段她曾經說過的話，他想知道，這段愛情能不能有個答案，在不在一起都不重要，釋迦只是要個答案，他不在意自己的果肉是否甜蜜，他不在意自己看起來多麼豐碩美好，他只想要個答案，終其一生，給我一個答案吧，我想知道，我只是想知道，你愛我嗎？我可以愛你嗎？

番茄微笑無害地回看釋迦：「喔。你也喜歡韓劇的鬼怪嗎？你也覺得這段對白很美，對不對？」

釋迦腦中充滿問句，韓劇？鬼怪？對白？這是台詞？這不是番茄愛我的表白？天啊，是嗎？從頭到尾都是我多想了嗎？我想了這麼多，翻過來翻過去，反覆推演，結果是無心插柳柳橙汁，根本沒有這回事？釋迦的小宇宙瞬間崩壞了。

釋迦腦中的小宇宙崩壞後，一切在表面上似乎看來並無不同，事實上一切從裡到外都不同了，釋迦的確相當認真，他開始問自己為什麼會荒唐地認為番茄愛他，而他又是如何自欺，竟以為這就是愛情的答案？他進入下一輪黑洞似的靈魂拷問，依舊只在他腦中發生著，釋迦無法消化的每個疑問，以及他想追尋的每個答案，又化為更甜膩的滋味，為什麼會這樣？誰能告訴我這宇宙的起源與盡頭，誰能解答愛的奧祕？誰可以告訴我，我很好，我值得被愛？愛情到底是什麼？

這一切的一切，永遠是他的問題，也是他的答案，而答案與問題會糾纏在一起，糾纏著他無法領略的甜蜜一生。

07 不想當萬年最佳女配角的番茄：不可或缺的配角之王

「不要太在意別人對你的評價，你不是為了他們而活。」

——伊莎貝拉・羅斯里尼（Isabella Rossellini），義大利演員

番茄並沒有愛上釋迦，事實上，從頭到尾她對釋迦腦中的小劇場一無所知，她也不像釋迦幻想中那麼樂觀無憂，番茄也有她的煩惱。

番茄的心願就是想當女主角，她認為自己有能力，也有條件，論滋味有辨識度，論姿色天生漂亮紅，論生產力，她結實累累的程度相當驚人，論努力，她不僅是水果，還是蔬果，論種類，她有大有小各種形狀，她熱切渴望自己成為主角，費盡心思擴展至各

個領域。

她用心之深，超乎我們想像，很少人知道在番茄投身地球前，當她還在水果天堂的時候，她曾經祈求天神，可不可以讓我改個名字？對，你沒聽錯，改名字，其實番茄的原名並不是番茄，而是凡茄，顧名思義，就是最適合凡間的小茄子，她很討厭凡這個字，聽起來就是平凡無奇，無聊至極，她向神祈求，請你替我改名成為番茄好嗎？番茄不僅筆畫好，是大紅大紫之格局，寫起來更感覺是舶來品，是遠方來的，不是土生土長的，這樣才特別，請讓我成為特別的番茄，我不是平凡的，我也不要是平凡的，請神讓我改名。

天神拗不過她的堅持，而凡茄就這樣，成為我們熟悉的番茄。

她到了地球之後，依舊非常努力用心，擴展生長範圍，適應各種環境，所以一點也不意外，番茄長得又多又好，漂亮又營養，簡直挑不出毛病。只是啊，世事總難盡如人意，番茄確實很快被人類接受，很快被喜愛，於是人類將番茄大量運用在各式各樣料理：意大利番茄醬、義式千層麵、番茄沙拉、番茄魚排、番茄義大利披薩、墨西哥莎莎醬、番茄炒蛋……番茄已經隨處可見，但是，番茄永遠不是主角。

你看，番茄炒蛋，蛋是主角，就算番茄、馬自瑞拉乳酪與羅勒放在一起，番茄確實很重要，但是這三樣缺一不可，番茄也不是唯一的女主角，後來番茄醬研發完成，番茄本來很得意，看吧，現在我是主角了吧，卻沒料到番茄醬就是醬料，醬料是佐菜的配角，這實在讓番茄相當抓狂，為什麼我這麼努力了，我就是無法獨當一面，成為主角？為什麼我永遠是萬年女配角呢？為什麼？

凡茄成了番茄，改了藝名還是不紅，當然番茄是紅的，但是不管怎麼樣，就不是女主角，更不會紅遍半邊天。

相比於櫻桃、草莓、水蜜桃，番茄就是不夠格，番茄很煩惱，為什麼我這麼努力用力拚命了，還是無法證明自己的價值？怎麼辦呢？番茄問自己？無語問蒼天，暗自落淚，是我還不夠努力吧，沒關係，讓我長得更多更好，或許有一天，我就會成為女主角了吧？會嗎？是嗎？我還能怎麼做呢？我除了努力也沒別的長處了啊。

有一天，馬鈴薯長好了，準備出門要變成薯條，在誠懇又老實的馬鈴薯離開前，專程來見番茄一面。

「番茄呀，未來就請妳多關照了。」馬鈴薯向番茄鞠躬。

「馬鈴薯你幹麼，不要這麼客氣，我要關照你什麼啊。」番茄覺得很惶恐。

「沒有番茄醬，薯條就少了靈魂。」馬鈴薯懷著感恩的心，認真對番茄這樣說。

「蝦咪？」番茄震驚了，人類去吃的是薯條不是嗎？「我只是你的配角啊。」

「喔喔喔」馬鈴薯急忙搖頭，「妳太小看自己，妳遠比妳想得更重要啊。」

「不要哄我開心了啦。」番茄醬不過就是個醬料，馬鈴薯可能腦袋不好使。

「是真的，番茄醬的滋味，是人類確認的定錨點。」馬鈴薯認真解釋。

「如果薯條讓人類飽足，那麼，番茄醬會讓他們感受到快樂，那是一種無以倫比的酸甜滋味，禁得起反覆確認的快樂感受。」

「妳很重要啊，番茄，妳吸收了陽光的熱情，轉化成愉悅的幸福滋味。」

「我要謝謝妳，因為有妳當我的神級隊友，才能讓薯條被廣大的人類所喜愛。」馬鈴薯說完又深深一鞠躬，「謝謝妳，未來就請你多關照了。」

馬鈴薯所說的話，讓番茄想了很久，大概一世紀那麼久。

不是女主角又如何？我已經成為人類生活中無法或缺的角色了。番茄眼眶含淚，我為什麼從未以這樣的角度，好好看待自己呢？

我是番茄，漂亮的番茄，我是番茄，愛哭的番茄。我是番茄，奇怪的番茄，我是番茄，你不懂番茄，又怎樣？我懂啊，我是不可或缺的配角之王，我是番茄，我懂番茄。

08 蓮霧的屁股：自己嫌棄的，反而是甜美

「愛自己，是一場永不止息的冒險。」

——翁貝托．埃科（Umberto Eco），義大利小說家

蓮霧的問題在於，她不喜歡自己的屁股。

她多羨慕人類的屁股只有兩瓣，很美，但是她的屁股生來卻有四瓣，根本屁股開花，更慘的是屁股開花也不像花，反倒像幸運草有四瓣，感覺超級詭異。蓮霧希望大眾忽略她的屁股，希望大家將注意力轉向她的色澤有多美，像是胭脂一樣的淡粉紅，是不是很少女，很美。她也希望大家能欣賞她的甜味很高雅，不甜膩，很貼心，還有還有，

蓮霧皮膚也很好，吹彈得破，水分充滿的肌膚，是不是超級青春，超級少女，超級無敵。

真希望沒人會看到我的屁股開花。

因此，蓮霧要求自己端正坐好坐直，論姿色，論滋味，她都是超級有氣質，她自忖若屁股這件事情徹底解決，我該有多完美，宛如黑珍珠一般珍貴，只是珍珠整顆渾圓，從來沒有需要克服的屁股問題。蓮霧看著自己的屁股深深嘆息，沒關係，她安慰自己，所謂有夢最美，蓮霧因此也替自己取了個小名，叫黑珍珠，並且努力督促自己，記得隨時隨地坐好坐正，才能像真正渾圓的黑珍珠一樣高貴。

在此同時，蓮霧認真研究各種醫美技術，對於生來不夠完美的身形，總有空間大量努力，蓮霧真心希望屁股的洞越來越小，或許努力做拉提運動就可以改善？蓮霧尋求各種方法，只求屁股變小。無花果是她的假想敵，看看無花果的屁股多秀氣，雖然無花果皮膚色澤不透亮不美，但是人家屁股生得好，就是得天獨厚，就是高級。

沒關係啦，蓮霧安慰自己，如果運動醫美都無效，我就乾脆坐好坐直坐在屁股上，這樣大家就看不到我的屁股了。我水分這麼多，咬下去噴汁飽滿，我的顏色這麼嬌豔，蓮霧繼續安慰自己，沒有任何一種水果是完美的，我要學習看見自己的優點，我要提醒自己有多美。

她期待最新醫美技術有天大突破，若科技可解決蓮霧的屁股，從四瓣進化成兩瓣，那就真完美了。

有一天，水果攤來了個新員工，新員工不懂事，擺放蓮霧的時候，將所有蓮霧屁股朝上，整齊排好，一整片屁股朝天，蓮霧簡直怒火中燒，差點沒暈眩過去。我最不想被看見的，就成了第一眼被看到的，蓮霧急得哇哇掉淚，我我我，我還能活了嗎？

更糟的事情還不只這樣，水果攤的員工開始大聲叫賣，「今天的蓮霧很漂亮，大家快來買。」蓮霧快吐血了，現在大家來看到的都是我的屁股，是哪裡漂亮，我的媽呀。

「大家快來看啊，這批蓮霧的果臍花萼開很大，開得越大越甜喔。」水果攤員工絲毫沒有要放過蓮霧的意思。

「真的假的？」很快客人聚集在蓮霧這邊。

「可以試吃喔。」水果攤員工很認真推銷著。

「哇！好甜，真的是屁股裂得越大越甜耶。」客人讚美著。

不一會兒功夫，蓮霧全部被搶光光了。

「原來沒有人在意我的屁股美不美，在意的人只有我自己，其實蓮霧屁股開花又怎樣，屁股花越開越甜啊。」蓮霧突然頓悟了些什麼，是原本三觀盡毀的覺悟。

愛自己，是一場冒險。蓮霧開始學習接受自己的屁股，她告訴自己，我要愛自己。所以每一次，當蓮霧又開始嫌棄自己的屁股，她會有意識地告訴自己，停下來，我的屁股不是我的屁股，我的屁股是我的美好，我的屁股是甜美的象徵，我坐得穩，要感謝我的屁股，四瓣就是完美的，畢竟我是蓮霧，我不是人類。

從此之後，蓮霧對自己的果生感到滿足。

09 蘋果的復仇：好朋友並不等於濫好人

「在關心他人之前，先關心自己。」

——梅西．漢密爾頓（Macy Hamilton），美國運動員

蘋果是平民天王，他可親，又值得信賴。

他是眾多水果裡，最沒架子、最容易接近、最不會發脾氣、不忌妒、不吃醋、不會小心眼胡亂比較，也不會東家長西家短，背後亂講其他水果壞話，就算自己難受了也不說，委屈了也不吭一聲，誰叫他是大家的好朋友，好朋友就是要這樣，不計較才能友誼長存。

因為是好朋友，所以包容，因為是好朋友，所以你需要的時候他在。蘋果要怎麼吃？你要咬一口？好！你要削皮切好再吃？好！你要入菜？好！你要熬成湯底？好！你要配沙拉吃？好！你要做成甜點？當然好！都好，你開心就好。

蘋果真心覺得沒關係，所以總是微笑說好，當蘋果說你開心就好，還講得一點脾氣都沒有，沒有任何賭氣，因為蘋果打從心底覺得，若自己的成全能讓你開心，他真的很開心。

軟土深掘，大家漸漸將蘋果的好，視為理所當然，就像有時候，我們無意識也會認為就是好朋友才好說話，好朋友會包容你突然改變主意，好朋友會體諒你說好了又不想出門，好朋友會覺得啊，好啦，沒關係啦，算了，大家都好朋友，不必算那麼清楚，不然斤斤計較算什麼好朋友呢，對吧。

日子一直過，蘋果經年累月扮演著好朋友的角色，其實越來越委屈，也感到難受。

他也想被捧在手心裡珍惜啊，但是在現實世界裡，對蘋果心懷感謝的少之又少，為什麼？因為蘋果就是蘋果啊，蘋果一直都在啊，什麼種類的蘋果都一樣，都沒有架子，都盡力配合，都為了成全，都隨和，你開心就好了，這是蘋果的口頭禪。而蘋果永遠說不出口的話是，啊，我好寂寞啊，我也想被珍惜啊，這才是蘋果的心底話。

如果有一天我消失了，世界會變成怎麼樣呢？

蘋果忍不住幻想，會有人想念我嗎？會有人為我的消失而哭泣嗎？我把大家當成好朋友，他們有把我放在心裡嗎？蘋果不忍再想，再想下去今夜又會是個無眠的夜，他其實好羨慕鹽巴，鹽巴也很隨和，但是沒有人能忍受鹽巴消失，不像自己。

為什麼好朋友就要承受這一切？

好說話的、善良的、願意配合的，無聲無息成了順民，而那些愛吵的、愛鬧的、荒腔走板、博聲量的刁民，反而獲得最多關注。這讓隨和待人，處處容忍的蘋果開始湧上前所未有的寂寞，他開始思考自己存在的價值，我只是被忽視的存在嗎？似乎沒有人重視他的價值。

原本心平氣和配合大家的蘋果，內心開始扭曲，他覺得不公平，他覺得自己從來沒有被大眾肯定。有一天，蘋果終於忍不住了，他跟檸檬訴苦，蘋果一直把檸檬當成好朋友，一開口，聲淚俱下，其實不流淚，並不是不想哭，只是忍耐了太久。

聽完蘋果的委屈，檸檬也很想安慰蘋果，只是檸檬天生就是酸，講起話來習慣性酸言酸語，「誰叫你要這麼配合，你可以說不要啊。」檸檬一句一句說著，「你愛當大家的好朋友，但好朋友並不等於濫好人，你要為自己站出立場，不然你怪誰。」一頓數落，蘋果聽完又自責，又傷心，哭得更大聲了。

檸檬的酸滲入了蘋果核，突然某一瞬間，突變發生了，蘋果內心湧現一陣巨大的憤怒，他決定改變自己，他不要繼續當個微笑隨和沒個性的水果。憤怒發酵成一股巨大能量，一陣氣爆，蘋果噗哧創造出一種全新飲料，蘋果西打！

蘋果西打是很特別的飲料，灌滿了蘋果的憤怒與活力，蘋果西打的出現，徹底震撼水果的世界，大家終於感受到蘋果的不滿與憤怒，但是這反差也太激烈，到底發生什麼事情？為什麼原本最親切最隨和的好朋友，搖身一變如此激烈，迸發出巨大的憤怒？

大家很擔心蘋果的心理狀態，這時候，充滿影響力的草莓發起了「一果一信告訴蘋果我愛你運動」，草莓的想法一呼百應，每種水果開始認真為蘋果寫一封信，將從來沒能說出口的欣賞與愛，化為暖流，謝謝蘋果忠實的陪伴，謝謝蘋果總是願意配合，謝謝蘋果是這麼棒的朋友，我們都知道，陪伴是最長情的告白，請原諒我們沒有及時將愛說出口，這世界太過混亂，身在其中容易犯蠢，請原諒我們疏忽真正珍貴的，那就是蘋果你，長久以來提供給我們，看似平凡卻非常了不起的友誼。

蘋果收到好多好多信，他一封一封看，一句一句讀，每個字都讓他覺得溫暖，足以撫平內心的寂寞與孤寂，就連憤怒也漸漸平息。意外的是，蘋果西打大獲人類好評，蘋果微笑了，他知道自己不管平和或憤怒都充滿著力量，他依舊是大家的好朋友，但是現在，他更懂友誼之道了。

我要先關心自己，再關心別人。我要先照顧好自己的情緒，我是平和的，沒有任何委屈，才能友誼長存。蘋果更了解自己，也明白平衡的重要性，公平才會長久。這就是蘋果的體悟。

10 性感的石榴：別讓外界的期望影響自己

「愛自己是一種對生命的最大尊重。」

——理查德·尼克森（Richard Nixon），美國前總統

當石榴紅橙色的外皮被扒開，露出滿滿的果實，每顆石榴藏有數百近千顆果粒，每一顆都晶瑩豔麗，宛如寶石般耀眼，咬下，每顆果實爆出酸甜的汁液，是味覺系的煙火，這真的是沒來由，大喇喇的肉慾性感。

沒扒開時包緊緊，引人遐想，一扒開露出火紅內裝，垂涎欲滴。簡而言之，石榴是美豔的、充滿欲望的、惹人遐想的、吹彈得破的，吃得汁液四濺，肆意在衣上留下殘

漬，染紅嘴唇，石榴具備某種難以言喻的狂野，很獨特，極稀有，似乎通往一扇我們不熟悉卻渴望的任意門，從此縱情縱慾皆合理，皆有了依據，情慾糾纏，至死方休。

事實上，石榴不喜歡自己。

美好體態天生引人注目，其實是麻煩，生來耀眼，就得承受各種外來的不實投射，無來由又莫名其妙，是原罪。

起初，她並不覺得自己有什麼不一樣，就像尋常可見的青春少女，她天真無邪、直爽自在，喜歡展露自己，敞開自己，肉體代表的是美好，不是為了誰而美麗，她的存在就是美麗，當時的她開心享受人生，也很喜歡自己。

但是天真很難永遠，接下來石榴與人類相遇，各種文明對石榴的喜好與發想，開始將石榴推向性慾、生育、繁衍後代的象徵。

一開始是地中海人偏愛石榴果實繁盛，所以制定婚禮時，將石榴視為結婚與生育的代表，久而久之也就成了傳統，第一回石榴覺得莫名，搞不清楚人類為何要這樣想，但既然被投射成這樣的形象，她也學習去適應，畢竟石榴的圖樣出現在各種婚禮的裝飾品、服飾與食品中，也別有生趣，然後地中海人還規定新娘和新郎到最後，還要在眾目睽睽之下，一起雙手共握一把刀將石榴切開，石榴被切得皮開肉綻，接著眾人歡聲雷動，這代表著新人婚姻和生育的美好祝福。

進展到這樣的局面，石榴有點不太舒服其實，因為眾人注目讓她很緊張，而且刀很利，切開跟剝開的感受差很多，如果好好剝開，還不會傷到內部果實，但若是切開，一定會濺出豔紅的汁液，詭異的是，當人們看到血紅汁液四濺，想像空間更大了，引發更多興奮，石榴覺得這超級智障，她也留意到通常在這一刻，新娘雖然保持微笑，但是眼神深處藏有恐懼不安，而那個新郎就會很得意地笑，好像他終於獲得了某種稀有的獎賞，人類的階級、權力消長及七情六慾，無形中在此時四處流竄，表面的歡慶揉合了沒有人明說的認同、協議、揶揄、恐慌、興奮、卑劣、不堪……

接著，土耳其人對待石榴的手法更粗暴，同樣是婚禮儀式，土耳其人連用刀切開都不必，他們的習俗是，新婚夫婦要擊碎一粒石榴，當石榴裂開時，散落的果實，象徵他們未來生活會有多幸福，以及多子多孫。這讓石榴很痛苦，因為人們總是貪心想要更多，所以會非常用力，要徹底擊碎才能散落出更多的果實，石榴覺得這簡直是虐待了，她為什麼好好的，要被撞擊成一推碎渣？當她遍體鱗傷血肉模糊被擊碎在地面上，群眾歡聲雷動，有人想過石榴的心情嗎？沒有，人們只想到自己，沒有任何人能體會石榴的受辱與心碎。

她所經歷過的一切，說沒留下創傷是假的，但這也讓她明白了些什麼，人類的世界簡單又複雜，欲望簡單，人性複雜，她試圖想理解，也認真想合理化，畢竟人類的儀式感有其必要性，卻很難抵擋自己內心排山倒海的抗拒，原本看待世界的天真角度，一點一滴被摧毀，難以言語說明自己如何混亂，這已經不再是性感與否的問題，她打開的是潘朵拉的盒子，裡頭還有更多人性的貪婪、妄念、占有、自私，以及更多、更多、更多。

她逐漸開始收斂自己，是外在影響了她嗎？其實也不盡然，在地球待久了，內在也會因應外界，被迫適應與演化，她知道自己無法阻止人類如何投射她，或物化她，她自知天生散發出來的誘惑感，引發遐想無邊際，所以她更想低調些，不引人注目些，盡可能拚命將自己包得緊緊的，絕不輕易展露性感，她寧願樸素過日，只求歲月靜好，好好過生活。

越來越封閉的生活，從開心向全世界敞開，到恐懼將自己完全封閉起來，石榴活得越來越無奈，落入悲觀的深淵，所以石榴結的果子越來越小，越來越小，有些甚至還沒等到結果，花就謝了。

花神看不過去了，有一天花神告訴石榴，「嘿！親愛的石榴，妳確實打開了潘朵拉的盒子，但妳知不知道到最後，盒子裡留下的是什麼？」

石榴搖搖頭。花神摸摸石榴的臉，祂說：「是希望啊。是希望。永遠都要抱持希望，要相信，並且希望，總會有人懂妳的美，妳的好，並且真正珍惜你。」

石榴的眼淚掉了下來，花神的話語讓她想了很久、很久，她知道自己可以選擇相信什麼，到最後，她勇敢做了決定，她告訴自己，不必把焦點放在外頭，所謂自愛自重，就是別讓外界的期望和投射，影響自己堅信的價值，她發現這就是愛自己，而愛自己是對生命最大的尊重。

她學會了珍惜自己的美麗，無論是內在還是外在，無論是性感或天真，她都是美好的，無比美好的存在。

11 你不知道的芒果學校TMI：任何品種，都活出優雅

「不要讓他人的意見決定你是誰，因為只有你自己才最了解你。」

——喬治亞・歐基貝爾（Georgia O'Keeffe）

芒果界明文規定，每個品種的芒果，在離開產地前，必須從芒果學校修業完成，畢竟人類對芒果期待很高，必須經過良好訓練的芒果，才能圓滿達成任務。

是的，這就是你不知道的芒果學校（Taiwan Mengo Institute），簡稱TMI*。芒果學校的歷史可謂悠久，追溯遙遠歷史，傳說是芒果的原始種，也就是現代眾多品種的芒果祖先，我們尊稱她為女媧芒果。

女媧芒果，如同傳說中的女媧，是神祕的起源果，這款芒果擁有不可思議的滋味，傳說只要咬下一口，就能立即感受到夏日美好，炙熱乾爽的陽光，拂面而來清涼微風，獨特香氣加上甜與酸融合的魔法，驚喜之餘，帶來的是放鬆、自在，人在明亮的豔陽下，無拘無束的愉悅感。這也是其他水果難以望其項背，芒果最令人激賞的獨特點，那就是能在一瞬間，為人類打開夏天之門，吃到芒果的那一刻，就立即能通向炎熱季節的色彩繽紛，毫無疑問，理所當然的快樂。

除了芒果，鳳梨也擁有打開夏天之門的魔法，兩者路數不同，芒果有ＴＭＩ，鳳梨有鳳梨道場，都是難得在果界，具備完整培育系統的水果，也因為如此，芒果與鳳梨每一年都會相互搏擊較勁，爭取夏季黃金杯冠軍，這段故事很精采，我們留待以後說吧。

◇ＴＭＩ也是新興用語 Too Much Information（太多資訊）的縮寫，對自己沒有關心的人事物，沒有想要知道的事情，接收到過多或是過於私密的情報時，帶有「夠了，我不想再知道」的意思。

話說，芒果學校的主要訓練涵蓋——

- **九冰真經**：如何與冰相處，激發更極致的美味。
- **芒香寶典**：不同品種的芒果，各有傳承咒語，散發微妙不同的芒果香氣。
- **果肉易筋經**：每種芒果會選擇不同強度的重訓練習，來鍛鍊果肉緊實度。
- **降甜食吧掌**：斟酌甜味是一門學問，要多甜，如何甜，芒果練好掌法，瞬間甜到你投降。
- **甜酸乾坤大挪移**：沒有酸的甜味太膚淺，不帶甜的酸味太銳利，芒果深知，我的甜美必須有點鋒芒，所以練好甜酸挪移是基本功。

芒果學校營造出多樣化的芒果社群，每種訓練項目都不簡單，各種芒果各擅勝場。在眾多芒果品種中，愛文芒果根本是傳奇資優生，全能型選手，她能滿足各項要求，全方位的表現令人驚豔，無論在九冰真經、芒香寶典、果肉易筋經還是降甜食吧掌，愛文總是一學就會，她的卓越表現令其他芒果感到佩服，也引發出隱藏不了的羨慕與忌妒，由於愛文在市場上非常受歡迎，無可挑剔的美味，加上她個性開朗，表現完美卻絲毫不驕傲，是德智體群美的典範，不得不提的是愛文的家世也極好，簡直是芒果界的白富美，她的存在是高標天花板。其他芒果與愛文的優秀相比，連車尾燈都看不到，而愛文長久以來獨占鰲頭的現象，也讓許多芒果們對自己能力有所反思……

比如說，土芒果對自身的特殊香氣很自豪，但相比於愛文的全面優勢，心中難免會有不滿。愛文每一項都很厲害，所以土芒果只有單一強項就略顯不足。這讓她感到既羨慕又自卑，她不是見不得愛文好，她只是希望自己可以更好，這讓她更刻苦努力，希望在自己的唯一強項超越愛文，於是她讓果肉香氣越來越濃烈，後來演化出芒果青醃漬法，成為情人果的霸主。

金煌芒果則是台灣在地研發的本土品種，既然再怎麼努力，也贏不了愛文，他也真心對學習沒多大興趣，所以他選擇走另一條路，那就是全力投入社團發展，強化自己的社交能力，擴展派系，處世圓滑與人為善，香甜是基本功，香氣也算濃郁，他就以台灣特有品種，本土代表來卡位，讓自己在市場上站穩，不動不移。

西施芒果美麗而優雅，她試圖超過愛文的方式，是讓自己長得更大，西施比愛文的體積大上一倍，籽小，果肉的質感柔軟細緻，鮮黃如金，每一口都是極致的甜美。除此之外，她還勤練芒香寶典。每當她走過學校走廊，整個空間就會充滿美人兒的甜香。

黑香芒果則是學校中的神祕人，他總是默默念著奇怪的咒語，據說他來自神祕的芒果種族，外型雖小，卻心黑如夜晚，所以才會散發出特別濃郁的龍眼花香，香氣十足，甜度也高，造就他是傳奇中的傳奇，由於黑香的果皮呈現濃綠色，所以大家又暱稱他為綠寶。

凱特芒果將愛文視為偶像，她一開始認真模仿愛文，香氣滋味近似愛文，漸漸她開始渴望突破，所以展現毅力，以自己的觀點，譯完了西方版的果肉易筋經，這讓她的果實逐漸長成橢圓的形狀，更加碩大豐滿，成熟時果香濃烈，她更勇敢也更自信，展現出自己愛恨分明的個性。

紅龍芒果極具戰鬥精神，他擅長降甜食吧掌，最會調控甜味的強度，他的果皮紅得鮮豔奪目，每一口都是美味終極戰，追求平衡甜味，同時保持果肉緊實，在甜度和質感的掌握上特別有優勢，所以紅龍又被封為芒果界的水蜜桃，多汁爽口，甜而不膩，散發獨特的蜜奶香氣，帶領芒果界走向革命式的大躍進。

夏雪芒果以女神姿態隆重登場，她披上清新的淡綠色果皮，成為台灣獨有的芒果品種，最擅長九冰真經，清新宜人，每一口都能帶來涼爽的感受，夏雪自律甚嚴，最後她選擇結合土芒果的濃厚香氣、愛文的細緻及金煌的甜蜜，這些特點讓她晉升為世家名媛，被譽為芒果界的 LV。

芒果學校學風自由開放，包容多樣性，鼓勵獨特性，所以每一種芒果皆能盡情展現自我，同時相互砥礪，學習彼此的優點。不得不說愛文的優秀，帶來良性的刺激，所以每種芒果都期許自己，今日我以芒果學校為榮，明日芒果學校以我而傲。

有一天，有位叫做伍吉郎的人，專程來拜訪芒果學校，他眼中每一種芒果，不管是紅色綠色黃色都閃閃發光，如珠寶一樣美麗，他說，我來幫大家組成芒果珠寶盒，愛文雖然近乎完美，但是如果沒有土芒果，沒有金煌，沒有黑香，沒有凱特，沒有西施，沒有紅龍與夏雪，那這世界會有多無聊，多寂寥。所以他做了一個好漂亮的盒子，把每種芒果都仔細放好，展現出芒果最豐富的全貌。

當全部芒果齊聚在一起，珍貴如珠寶，這一刻是真正的完美，一個都不能少，每個獨特的個體，才能成就這世界的完整性。

感動的瞬間，芒果內心的小火山突然大噴發，成熟的芒果蒂頭噴出晶瑩的眼淚，這就是芒果一生中最甜蜜滿足的時刻，眼淚逐漸隨風風乾，在蒂頭旁留下凝固的透亮液體，成為見證。

不管你是什麼品種的芒果，都能邁向最終極的優雅，向造物者致敬。

12 穿上太空衣的香蕉：好好保護自己的美好

「自私一點，對自己好一點，這並不是罪。」

——茱莉亞・羅勃茲（Julia Roberts），美國女演員

香蕉天生皮白肉嫩，還散發出獨特甜香，這是特色，也是煩惱。

傳說中，香蕉在成為香蕉之前原是一位公主，公主美麗又善良，非常聰明，只是善惡總是糾纏，宛如白天與黑夜交替，善良令邪惡起了覬覦之慾，邪惡做盡，善良就現身救贖，善良的公主受到可怕的詛咒，化為一株香蕉樹，人形不再，被迫以植物的方式存在。除非有人願意以單純付出愛，本著善良之心灌溉香蕉樹，只有愛而別無所求，才能

解救公主永遠困在香蕉裡的魂魄。

說真的，類似傳說在東方西方相當多，這就是野獸與美女的典型，小美人魚也走這路數，標榜愛能破除邪惡魔咒，只要有愛，就能讓困住千年的公主王子再度獲得自由。香蕉公主的傳說雖不可考，但就事實上來看，香蕉再也沒有變回美麗的公主，而成為人類喜愛的香蕉，一直至今。

大家不知道的是，香蕉在地球上度過漫長歲月，也會逐步演化，其實一開始的香蕉並沒有香蕉皮，純粹是長長一整條，又香又白又甜又軟，現在看來根本就是裸體香蕉，沒穿衣服以裸體示人，也不知道當年的香蕉，是單純天真還是傻，毫無防備就這樣面對一整個世界。

裸體香蕉活得解放，時時刻刻都能擁抱陽光、呼吸新鮮空氣、吸收大地營養，像一群自由奔放的精靈，在大自然中嬉戲玩耍，毫無防備，純真無邪展現自己，沒有外衣遮掩，也不需要刻意的包裝或修飾。

只是裸體香蕉散發出誘人香氣，吸引了各種生物，蝴蝶飛舞其間，鳥兒歌唱，蜜蜂前來採集花粉，雖然裸體自由，但也容易受到外界傷害與侵害，風吹雨淋，潮溼的氣候也讓裸體香蕉容易爛掉，加上這世界也不全是好人，總是難免會有登徒子來占便宜，對香蕉毛手毛腳，這讓香蕉大表震驚，他原本對世界抱持全然信任，但是遇過壞人之後，也有了慘痛經驗，香蕉真心覺得裸體不行，這樣極不安全，不能繼續這樣下去了。

這時候，香蕉遇上了一個貴人——橡膠。

橡膠其實是橡膠樹的簡稱，橡膠是香蕉的鄰居，從小看著裸體香蕉天真無邪到處亂闖，橡膠總是苦口婆心對香蕉說，保有天真是好的，信任也是好的，但是保護自己是必要的，穿上衣服好不好，你值得一件好衣裳，好好保護自己的每一寸肌膚，要脫也要脫給值得的人看，你的甜美要留給真正欣賞你的人。

香蕉感動地哭了，他覺得橡膠說得很對，自己總是赤身裸體自己，一股腦交付真心，但是這世上了解自己的會是誰？真心人又在哪裡呢？裸體雖然自由，但是回想起過去經歷過的傷痕，擦撞就會受損，被占便宜覺得受辱，本來全然開放，現在卻只想將自己包起來包起來包起來，躲起來，退隱起來。橡膠說，考慮一下我可以幫你喔，你可以來做訂製服，橡膠的材質感覺很不賴，帶點太空感，又現代，要不要來套太空裝呢！

就是從那時開始，香蕉穿上了太空裝，成為我們現在看到的模樣。

香蕉沒有選粉紅色的太空裝，也沒選藍色，他獨獨對鮮黃色一見鍾情，黃色代表希望，愉快，明朗，高貴。他想告訴大家，嘿，我還是那個充滿熱情正面的裸體香蕉喔，現在看看我，我的質感要全面升級，帶有更多現代感，那些吃豆腐毛手毛腳的爛東西，都給我閃開，我的裸體很美，但是我並不隨便，我會好好保護自己的美好，我是宇宙無敵大香蕉呀。

如果你愛我，如果你珍惜我，我就會願意為你脫下太空衣，帶給你香甜又獨特的香蕉味，說來害羞，但是我可以完完全全滋養你，如果你是那個對的人，我會愛你，我一定會。

13 無法練出肌肉的西瓜：能記得所有快樂的時刻

「在愛自己的旅程中，你將發現更多可以自己值得愛的地方。」

——佚名

夏日清晨，陽光明媚，西瓜望向遠方，西瓜田裡綠意盎然，她的眼睛閃爍著夢想，她渴望自己能擁有像荔枝一樣Ｑ彈的身體。

西瓜一直是個很可愛的女孩，有活力，很有幽默感，她總能帶來輕鬆自在的氣氛，在派對上她永遠笑得最開心，她為人熱情直接，心地善良，大家都喜歡西瓜。

事實上，她有不為人知的另一面，私底下她總是為自己的虛胖，還有水腫所苦惱。她多麼希望能身材窈窕，玲瓏有緻，但是長年以來，西瓜就是個典型的棉花糖女孩，她的身體圓潤，甜度超高，簡直是滿滿糖水又圓滾滾的棉花糖球，這讓她看起來更豐滿，有時還顯得蓬鬆。

這也不能全怪西瓜，首先我們要考量遺傳因素，西瓜家族世世代代都擁有較為豐滿的體型，珠圓玉潤，原本就是西瓜家族的共同特徵。還有西瓜的生活也並不健康，由於水分飽滿重量足，所以西瓜真的懶得運動，她喜歡參加各種歡樂派對，享受美食和美酒，當然少不了精緻的加工食物，高熱量高脂肪高糖分，精神很歡樂，果體也容易膨脹，這都是西瓜會變成棉花糖女孩的原因。

但她太羨慕荔枝了，有一天，她決定追求夢想，她想要自己的肌肉緊緻有彈性。於是開始實行嚴格的健身計畫，一開始她嘗試各種斷食方式，餓到要死卻發現，原來不吃並不會變瘦。反而更容易啟動身體警戒機制，新陳代謝速度變慢，還容易囤積脂肪。

西瓜有點崩潰，她迅速轉變努力方向，每天開始汗流浹背到健身房展開重訓，這讓她很疲累，欠缺核心肌群的西瓜，連坐一次仰臥起坐都很勉強。

櫛瓜教練提議：「既然仰臥起坐妳無法，我們可以採用另種方式來鍛鍊。」

西瓜眼睛一亮：「好耶，是什麼方式？」

教練請西瓜平躺，然後戴上拳擊手套，拚命往西瓜的腹部拍打。

「啊！啊！啊啊啊！」西瓜嚇得大聲叫喊。

「忍住，這很有效，我正在替妳建立核心肌群。」西瓜真的好怕自己在當場會噴出西瓜汁來，這讓她焦慮指數迅速衝高，直達天際。

西瓜覺得這真的不行，她吞了各種減肥食品，也試過將自己緊緊包在塑身衣中，因為不透風，長出一顆顆黑色疹子，就成了西瓜籽。肌肉完全沒練出來，這一切只換來徒勞無功的結果，「我永遠不可能成為荔枝的。」西瓜失去了原本樂觀的心，換來迴盪在空氣中，悲傷的嘆息。

當西瓜正在傷春悲秋的時候，宇宙安排一位貴人出現了，這位貴人就是菜瓜布。菜瓜布看起來非常普通，卻擁有一顆智慧的心。他開口問西瓜：「可愛的西瓜美眉怎麼了？為什麼在哭泣呢」

西瓜邊哭邊說：「我一直想變得像荔枝一樣Q彈，但無論怎麼努力，我還是這樣圓滾滾，又胖又水腫，好傷心。」

「妳不是水腫，妳只是含水量高，這就是身為瓜類，我們的強項啊。」菜瓜布苦口婆心勸導著西瓜：「看看我，想當年我還是絲瓜的時候，也是滿滿水分，那時候的我多漂亮，我真心享受當絲瓜的過程，後來年紀大了，我才決定選擇另一種人生，放棄所有水分，成為菜瓜布。」

「妳拚命消水腫，難道是想成為西瓜布嗎？」菜瓜布大方展現自己乾乾卻堅韌的纖維，「妳要知道我們是瓜類，我們永遠不可能像荔枝那樣，妳想要練的肌肉不是肌肉，最後只會剩下纖維。與其練遙不可及的肌肉，妳為什麼不發揮自己真正的長才呢？」

西瓜非常疑惑：「我真正的長才？」

菜瓜布眨眨眼說：「對啊，妳真正的長才在於擁有最多快樂的回憶，水分儲藏記憶，所以妳啊，妳是唯一可以記得所有快樂時刻的水果啊。」

西瓜若有所思，她開始回想起自己一直以來儲存的快樂回憶。這些回憶中有的是和朋友一起擺弄水槍的童年時光，有的是在夏日傍晚的燒烤派對上，大家一起歡笑的場景。她充滿水分的體質，讓她完整保存了所有珍貴的瞬間。

西瓜懂了。

她開始放下減肥的壓力，開始專注追求真正的自己。她決定成為一位快樂的史學家，專門研究各種享樂的方式，回頭追溯快樂的起源與歷史，同時向前展望快樂的無限可能，她重新又回到快樂的自己，快樂具備強大的感染力，她鍛鍊自己成為歡樂的泉源。

我的水腫不是水腫，是快樂的汁液滿溢。西瓜更愛自己了，以自己從來沒想過的方式，她是快樂代言人，從此過著幸福的生活。

14 到亞洲開創新局的橄欖：入境隨俗，更得到尊貴

「你沒有義務要贏，但你有義務每天努力做到最好。」

——瑪麗安．埃德爾曼（Marian Wright Edelman），兒童保護基金創始人

在遙遠的地中海，有一種小小的水果，被人們視為寶物，擁有悠久歷史，以及令人嚮往的文化背景，這個水果就是橄欖。

橄欖在希臘神話中扮演重要角色，被視為智慧和和平的象徵。神聖的橄欖在聖經中也留下足跡，代表生命與重生。橄欖樹那麼美，葉子呈現一種非常特別獨有的綠，這種

綠擁有濃烈的自然美感，雖說是深綠色，卻從來不是單一色調，融合了橄欖綠不同濃淡，還帶有些微銀光，甚至灰色調，橄欖樹的綠充滿流動性，光澤與層次感，從不同角度光線看，從來不會單一無變化，在陽光閃耀下的綠意非常高級，映照出如天堂般的詩意。

當橄欖樹開花時，通常是白色或淡黃色的細小花朵，散發出淡淡香氣，如一串串銀鈴在風中搖擺，盛況空前，非常有格調，凋落後慢慢結成橄欖，橄欖果實的綠色依舊特別，鮮亮豐潤，是圓滿又輕盈的果實，是地中海陽光的精華結晶。

不難想像橄欖在歐洲有多受寵，這讓他滿懷夢想，就像當年哥倫布雄心壯志，渴望穿越這一片廣闊的海洋，去看看在海平線盡頭，是一個怎樣的精采世界。橄欖私心認為亞洲人一定非常期待看到他，就像當初諾亞方舟上，當鴿子銜著橄欖葉歸來，也帶來了光亮、救贖與和平。橄欖已經準備好向亞洲遞出橄欖枝了，宛如巨星降臨。

當然，夢想很豐滿，現實很骨感。

以下是橄欖抵達亞洲後的碎碎念，為什麼是碎碎念？因為事實上，根本沒有太多人在意他的意見，在歐洲，他無須言辭，就能贏得萬眾寵愛，在亞洲，他什麼都不是，所以只好碎碎念一堆給自己聽。

「我真的不懂，我是誰？我是橄欖，在地中海國家我是王，我可以變成美味的橄欖油、醃橄欖，我可以融入各種菜餚與醬料，我是不可或缺的關鍵，如果少了我，地中海菜系儼然失去了靈魂。」

「怎麼搞得在亞洲，人們根本不在乎我啊，他們只會用竹籤戳我，隨意擺在酒杯上，搞得像是沒有馬丁尼，我就沒價值一樣，不敢相信，實在太可笑了，我何時成了跑龍套的可笑角色。笑死。」

有一天，破布子很開心跑來跟橄欖打招呼：「嘿！你是新來的吧，你好你好，我是破布子，我最適合和魚一起蒸，超好吃，那是我的獨門強項喔，你呢？你做什麼的？上次看到你跟馬丁尼在一起，你是陪酒的對嗎？」

橄欖瞠目結舌，簡直不敢相信破布子在說什麼，他腦中問號一堆，到底是哪裡跑來的鄉巴佬，破布子？怎麼可能連我都不認識？我可是來自歐洲尊貴的橄欖，我是陪酒的？你才陪酒，你全家都陪酒。

當然這些粗鄙的言語，橄欖並沒有真的說出口，他只能裝作不在乎，故作優雅地回禮：「您好，初次見面。破布子小姐，我是橄欖，很開心認識妳。」

他想方設法要融入亞洲世界，卻發現竹籤刺穿的不僅是他的果實，也刺痛了他的心。橄欖被局限在馬丁尼的世界裡，亞洲與歐洲，是兩個截然不同的平行宇宙，但是橄欖不想放棄，他有自己的尊嚴，他既然移民來亞洲了，就要適應環境。

橄欖有品味，他認為要融入當地，就要開始聆聽當地的音樂。他開始聽張學友的歌曲，覺得很喜歡，他聽著聽著，突然領悟自己與張學友其實這麼像，張學友唱廣東歌或華語歌好好聽，就算厲害如歌神，如果你突然要張學友跑到義大利，改唱義大利歌劇，一開始他也會覺得很困難，而感到痛苦吧。

我是誰，我是橄欖，在歐洲我稱王，現在我在亞洲，那麼我就認清現況，砍掉重練又如何，沒錯，馬丁尼是我的起點，但我很確定，這絕對不會是我的終點。

儘管在亞洲，懂得欣賞我的人相對少，這並不代表我不夠好。我只是來到一個全新的地方，人們習慣的口味與習慣大不同，我可以充滿自信，再創新局。我不會放棄。我想堅持下去，讓更多亞洲人了解我，試著嘗試不同烹飪方式，希望能點燃新的火花，展示我的多樣性和獨特風味。

橄欖選擇繼續堅持下去，他想說服大家試著做做看，橄欖炒米粉、橄欖大腸麵線、橄欖蔥油餅、橄欖蚵仔煎，為什麼不行？碰撞看看嘛，或許會有新火花。誰知道？魯莽？哪會？這是勇於嘗試，這是創意，你說我瘋了？太傻？那又如何，我可是歌王張學友等級的橄欖，要不要試試看？

永不放棄，才是真正的尊貴，不怕挑戰，不怕被低估，每一天都很珍貴，我有義務每天都要做得更好，對得起自己，這就是橄欖的精神，也是橄欖最令人尊敬的地方。

15 水蜜桃的除毛之路：破壞宇宙整體機制的運作

「成長不是瞬間完成的，它是一個漫長的過程。」
——李奧納多・狄卡皮歐（Leonardo DiCaprio），美國影星

水蜜桃長得非常可愛，果實形狀討喜，顏色也很迷人，想像一株水蜜桃樹，順應季節成長，從綠葉到落葉，然後季節到了會突然大爆發，整棵樹開出滿滿的，燦爛的桃花，柔軟細緻的花瓣，散發出淡淡香氣，密集布滿在每條枝幹上，是小小煙火定格，寂靜卻狂暴地綻放，侵略性自顧自的美麗，使蜜蜂蝴蝶被吸引得毫無招架之力。然後水蜜桃花會開盡，自然凋落，再進入結果階段，沒多久一顆顆水蜜桃蹦出來，像極了人類嬰兒的小屁股，吱吱喳喳熱鬧掛在枝頭，迎著風輕盈搖晃著，嬌嫩誘人。

水蜜桃氣質就是高級，不只顏質，實力表現也相當傑出，果肉甜美細緻，仿佛將大自然的陽光、空氣和水，轉換為香氣與甜蜜，巧妙凝聚在一起。咬下第一口感受到的是滿滿的水分，水蜜桃的汁液簡直是生命泉源，接著是香氣，水蜜桃香味獨特，具有明確辨識度，獨特的香氣散發出甜美的氛圍，令人陶醉迷惑分不出是果香還是花香，明明是水果，嘗到的卻像是花的氣息，香味撲鼻，讓你無法忽略其存在感，卻沒有侵略性，那麼溫柔，造成反差，整體嬰兒屁股的形狀真是可愛，總是讓人忍不住想咬一口，卻毫無邪念，是天真純淨的感受，那麼愉悅，閉上眼品嘗，會想起人生中幸福的曾經。

長久以來，水蜜桃早已習慣以天之嬌女之姿，活得自信且任性，卻在深夜的時候，受困於一個她怎麼想都想不通的問題：「為什麼我都如此完美了，卻有毛啊？我是水蜜桃耶，水蜜桃的屁屁有毛，這講不通吧。」

基於水蜜桃長久對人類社會的觀察紀錄，她發現人類喜愛除毛後的皮膚，是因為光滑的皮膚不僅好看，並且觸感極佳，更重要的是，還能凸顯身體的線條和曲線，增加視覺上的吸引力，是美麗與性感的象徵。

如果我除毛成功，就能順利自嬰兒屁屁晉升為少女系屁股，那一定會更美，我可以擁有維納斯般無暇的完美屁股，水蜜桃暗自幻想著，如果說我的果生還有努力空間，那就是除毛了。

她沒經驗又單純，一開始妄想剃刀就可以刮毛刮乾淨，卻沒料到不懂得如何巧妙穩地施力，還有下刀的角度也很難抓，最後不只沒刮乾淨，還切到自己，弄得皮開肉綻，苦不堪言，痛死了。

這樣真的不行，水蜜桃明快果決放下剃刀，沒有立地成佛的她，滿懷期待改用脫毛膏，她仔細均勻將脫毛劑塗抹在身上，等待片刻後，不僅毛全部脫光，皮膚也因為脫毛劑的化學成分過度刺激，變得紅腫敏感，更恐怖的是，這毀掉她原本獨特的香氣，那著名的水蜜桃香氣，變成化學塗劑，她崩潰了。

不甘心失敗，水蜜桃想到蠟燭脫毛或許可行，畢竟比除毛劑溫和，但是她沒想到溫蠟塗抹在果皮上還可以忍受，但是要用力撕去時，那瞬間撕開的痛楚，讓水蜜桃發出尖叫，疼痛感令她忍不住哭出聲來，而且果皮再度嚴重受傷。

她又懊惱又生氣，但還是沒死心，再接再厲她認為，電動剃刀或許能解決之前剃刀施力不均的問題，可以更迅速舒適地除毛。然而，電動剃刀的震動與噪音，幾乎將水蜜桃的耳膜震破，結果也不盡理想，毛除了，卻留下刺痛感，沒多久又長出來，剛長出來的細毛刺刺的，而且皮膚奇癢無比，比原來的毛更醜。

不斷失敗，讓水蜜桃既困惑又傷心，她沒有放棄，後來變本加厲，甚至使用脫毛精油，希望能減緩毛髮生長的速度，永久脫毛包括激光脫毛和電解脫毛，這些方法不僅效果不佳，還帶來各種不同的傷害，最後水蜜桃留下嚴重陰影，眼中只執著於自己的毛，為了除毛，走火入魔。後來水蜜桃生病了，她高燒咳嗽又頭暈，她不再喜歡自己，狀況很差，甚至造成地球上水蜜桃全面停產，這是非常嚴重的一件事，這代表宇宙關鍵的平衡機制，進入三級失衡警報，沒錯，你以為這是小事嗎？宇宙地球所有行星都有特定的整體運作機制，無人是孤島，萬物總相連，蝴蝶效應並非意外，水蜜桃除毛所引發的連環效應，連神都注意到了。

「妳到底在胡搞什麼？」神來找水蜜桃閉門密談。

「我想除毛⋯⋯」水蜜桃狀況很差，現在的她皮膚紅腫，精神萎靡。

「沒事妳除什麼毛？妳這個蠢貨。」神對水蜜桃大聲咆哮。

「我想改變啊，我想變美。」水蜜桃大哭。

「我當初設計妳的果皮上有毛，並不是要為難妳，我有我的用意。」神開始向水蜜桃解釋，那些果皮上的毛是專門為她設計的自然保護機制，具備重要功能，可以減少水分蒸發，防止陽光照射而灼傷，還能保護她免受害蟲與病菌的侵害，這些毛不是無用的，而是神贈予她的神奇防禦裝置，讓她能茁壯成長，成為整體宇宙平衡機制中的一員。

「整體宇宙平衡機制？」水蜜桃聽不懂，滿臉疑惑。

「對！」神無奈嘆氣，「你想想看，我可是造物主，我不是垃圾製造者，每一種水果，都是宇宙整體運作機制中的一部分，缺一不可，你們都帶著使命而來，只要有一種水果沒有站好自己的位置，整體環節就會開始失衡。」

「天啊，我從來沒有這樣想過，神啊，請告訴我，我的使命是什麼？」水蜜桃誠懇請求著。

「很明顯，妳的使命從來不是除毛，以前不是，現在不是，未來也不會是。」神斜眼看她，「妳給我聽好，妳的存在，是讓心碎的人願意選擇自我復原，重新有勇氣面對自己的人生。」

「妳的甜味香氣與外貌，都是極佳組合，只要是人，就難免會心碎，心碎也沒什麼大不了，但是如果心碎得徹底，無法啟動自我復原機制，就會失去勇氣，這時候你的美好，會重新為人類補足勇氣，穿越生命中的失望與無力感。」神嘆了口氣，「妳以為自己的存在沒有意義，其實別具深意，每件人事物的位置都不可或缺，一切都是互信互助，相互緊密連結，這就是宇宙整體機制運作平衡的關鍵。」

水蜜桃含著淚點頭，她懂了。

成長是一段漫長的過程，水蜜桃在不斷傷害自己之後，才體驗到珍惜自己的重要性，她開始與自己的毛和平共處，她謝謝自己的毛，對自己的存在，不管那個面向都心懷感謝，而水蜜桃的果肉也因此而變得更加甜美，那是足以治癒心靈的溫柔，是一顆顆懸掛在樹上的嬰兒小屁股，可愛又完美。

16 愛罵髒話的鳳梨：沒能坐上「最甜鳳梨王」寶座

「每個人都為自己而活，但只有一些人能夠真正理解這一點。」
——溫斯頓．邱吉爾（Winston Churchill），英國前首相

很久很久以前，在一片鳳梨田裡，有一群鳳梨生活得相當瘋狂。

每一顆鳳梨就像小寶寶一樣，從鳳梨花開始生長，逐漸延伸，長成一顆鳳梨頭，鳳梨頭會開始學說話，然後一邊講話一邊長大，長得夠大充其量也只是個鳳梨頭，要成為真正的鳳梨，必須從底部往上，一節節逐步變甜，這是成年之路，也是成熟鳳梨的修煉之路，每顆鳳梨都想成為「最甜鳳梨王」，那是鳳梨界至高無上的榮耀。

一開始鳳梨頭學講話，是為了相互溝通，分享生長經驗，討論如何轉甜，但是鳳梨頭不成熟，為賦新詞強說愁，加上他們真的很聰明，天天都覺得日子很無聊，於是超愛說幹話，很快開始發明新詞彙。一群鳳梨頭還能去哪裡，只能在田裡，所以什麼話都會說，超愛說，說個沒完，超愛八卦不意外，而且很會鬥嘴，隨著時間推移，更加糟糕，他們甚至學會了一大堆骯髒的話語。

「你這個鳳梨爆炸頭蠢貨。簡稱頭爆蠢！」

「我是頭爆蠢，那你就是嘔鳳！」

「什麼意思？」

「令人作嘔的鳳梨頭。」

（沒錯，這些鳳梨也衍生出了許多流行語。）

隨時都可以來幾句髒話，隨時都有不同的簡稱，動不動就開始咒罵彼此，有些脾氣不好，常常講沒兩句就生氣，不爽再指桑罵槐大翻舊帳，接著一定會有對號入座，然後再借題發揮無限上綱，一整片田就在鳳梨頭變甜之前，髒話飆來飆去，咒罵不休。

本來只是隨便罵，後來越罵越憎恨，再這樣惡劣的環境下，鳳梨的甜味越來越淡，尖刺越來越多，果實充滿負面能量，表皮就長出痘疤，每顆鳳梨滿肚子怒氣，金黃色的果肉越來越酸，鳳梨成為了憤世嫉俗的果實。

最後他們還發展出刺刺拳擊，誰吃了鳳梨，舌尖就會成為沙包，飽受刺刺拳擊之苦，會被刮刮，這成為鳳梨界相當普遍的愛好。隨著日子一天天過去，鳳梨頭們互相爭吵、辱罵、爭辯，胡扯誰的鳳梨頭最臭，誣賴那顆鳳梨頭被採收時假裝自己很甜，不過就是個鳳梨婊，還有誰的地是違建地，對啦，長出鳳梨是沒犯法，但是讓廣大鳳梨田觀感不好，違反了刺刺八號法規等，一大堆無關緊要的訴訟，糾纏不休，像是烏雲般籠罩鳳梨田上空，到最後，所有鳳梨都忘了最初對「最甜鳳梨王」這至高無上稱號的追求。

到底有什麼好吵？我就問。

這些沒來由的咒罵、幹話語髒話，已經徹底汙染了鳳梨的集體意識，大家莫名其妙就心煩，心煩就止不住發酸，酸久了再難純淨甜美，鳳梨於是演化為酸中有甜，甜中必酸，這已經深入鳳梨底層基因的設定，從此之後再也沒有純粹甜美的鳳梨。

別忘了鳳梨長得一節一節就像座寶塔，甜度由下往上逐步上升，原本追求的是，如何使甜度上升，最快到達靠近頂端尖刺葉的位置。現在不僅沒有追求，連甜都轉酸了，所有鳳梨看來無人能坐上「最甜鳳梨王」寶座。

有一天，某鳳梨在生長期間，突然發生變異，失去說話能力，聽力也喪失，變得又聾又啞，聽不見別的鳳梨頭說幹話，自然也無法回嘴。這顆特別的鳳梨無法參與任何辯論爭鬥，只能發呆，還有專心享受陽光，失去溝通能力之後，他沒有餘力傷感，某鳳梨只能專注照顧好自己，除了生長，沒有別的好做，雖然他得學會獨活，在自己的世界裡自轉公轉有時空轉，與那一整片幹翻天的鳳梨田，成為兩個平行宇宙，再也無交集。

一開始難免寂寞到恐慌，後來覺得這樣反倒好，壞消息與好消息，常常都是同一個消息，只是我們解讀的角度不同而已。又聾又啞看似不幸，卻有幸不必再被言語所擾，也不必浪費時間咒罵，因為已啞，全心全意專注在自己身上，反而讓某鳳梨越來越甜，脫去厚重的尖酸味，某鳳梨在那一季的最終，輕鬆簡單坐上了最甜鳳梨王寶座。

這起事件帶來巨大影響，為集體鳳梨帶來啟發，不要浪費時間管人家怎麼樣，捨棄謾罵髒話與幹話，同時也要好好保護自己，不要被負面能量所影響，斬亂連結是很好的做法，還有學會自處獨處是美德。這就是鳳梨禁話進化史的由來。

你愛鳳梨嗎？如果你愛，那你的簡稱是 iPhone，好的這是冷笑話，謝謝大家。

第2章

41號閘門 幻想世界的視角

通常是在晾衣服的時候，沖澡的時候，洗杯子的時候，偶爾是早上剛醒來的時候，突然一瞬間，我似乎明白了些什麼，像有人在耳邊輕輕講了悄悄話。「喔喔，原來是這樣啊。好的好的。」有時候我手邊正在忙，但是如果不快快寫出來，似乎還聽得見催促，碎念我最好快點空出時間，端坐電腦前不停敲打鍵盤。

接著就是這些看似無來由，又有點奇怪的可愛小故事，一個字一個字迸出來，我沒有事先想好要怎麼寫，也完全沒設立架構，不必擔心什麼，只要寫就好，寫著寫著這一句寫完，下一句會跳出來，從我的指尖這些字爭先恐後跑出來，每個字都是成精的小鬼頭，要我快點快點寫出來。「有很多事情，你們人類根本都不知道，好想講喔。」這些文字自成意識，很有意思。

如果以人類圖的角度來說，41號閘門充滿幻想，渴望獲得新的體驗，而黑太陽落在41號閘門的我，我的幻想皆落在尋常生活之中，那看似平凡無奇的，對我來說是無限的奇幻。

你知道為什麼塔羅牌很準嗎？因為在你做出選擇前〇・二三五七秒，所有牌都將在那一瞬間，全部變成同一張牌，直到你抽出來，才會瞬間恢復原狀。而那一張牌，就是宇宙想告訴你的，所以錯不了，你抽那一張都一樣，沒差。

我怎麼知道？有一晚在夢中我從天上掉下來，在落地時瞬間醒來的我，不知是誰在我耳旁輕輕說，才知道，原來是這樣。

是不是很神奇呢？真好，現在你也知道了。

17 紙杯沒告訴你的事，宇宙的無形設定

宇宙中無形中某些設定，我們以為是自己不小心，或隨機或恰巧或剛好，事情就這樣發生了，殊不知看似無法解釋的小事與大事，皆非意外。

像是紙杯。

用紙杯裝滿咖啡或茶，適合外帶外送，也方便邊走邊喝，方便之餘，有時候不小心灑了，可能是你走太快，動作太急，最討厭的是失手翻倒也算了，若是又剛好滴在白上衣白襯衫，或潑濺到白裙白褲上，一大片溼黏，留下烏漬更惱人。立刻咒罵太倒楣，或責備自己，不然就責怪別人，肇事者不可恕，怎可如此不小心，打翻之後接下來，是一整天感覺很不順的衰氣，烏雲罩頂久久不散，打翻與在路上鳥屎正好掉在頭上，一樣討厭，超級討厭，是同等級。

但其實，宇宙有些無形的設定，是你根本不知道的祕密。

當你的咖啡或茶灑了，打翻了，這類事故的主要肇事者，根本不是任何人所造成，罪魁禍首其實是紙杯。是的，就是紙杯。如果不是紙杯，那會是另外一個故事，以後有機會再告訴你，現在就是專說紙杯。

每八百七十四個紙杯裡，就會有一個紙杯，被宇宙賦予這個「必定要打翻」之使命，而這紙杯是什麼顏色，什麼大小，什麼形狀，一點都不重要，凡是被指定的「那個紙杯」，普通人的肉眼無法辨識，紙杯彼此卻心知肚明，這就是紙杯圈子，彼此祕而不宣的默契。

那個紙杯，註定會與某個人在某個時刻相遇，這並非機率，而是透過宇宙數學部門經過繁複演算後，所排定的結果。換句話說，這個紙杯必定會打翻，不管你多小心，接著重點來了，這並不是神的惡作劇，而是一個微小的提醒，透露出重要線索，而一般人根本無法明白線索的內容，只能以咒罵作結。

打翻紙杯，宇宙想提醒你的是什麼呢？

過去這一年間，你在內心默默希望能發生的某件事情，恭喜你，整體輪軸的運作機制已經啟動。

換句話說，打翻咖啡或茶的紙杯，看似無生命，其實是善意的傳訊者，專程前來提醒你，當整體輪軸的運作機制開始啟動，那些既定的，老舊的，不再適用的習慣與模式，都將開始失衡，並且逐步崩解。

不必咒罵，不必怪誰，這只是提醒，是線索，是宇宙告訴你，失衡後才有機會重新調整，重新調整之後才會打開新的空間，讓你所希望的，朝你的方向開始靠攏，集聚，從幻境化為真實。

下一次，當你打翻紙杯，咖啡或茶潑灑出來一片狼藉時，當你又自動化地感覺心煩，轉念想一想，這個紙杯，以全球紙杯總數八七四分之一的機率，堅持完成任務，你應當感謝宇宙神奇的安排，也要謝謝這個紙杯，恰如其分完成使命。

心懷感謝，記得把自已弄乾淨，盡可能心平氣和的，接下這個專程前來的體醒，保持平常心，迎接接下來的各種改變吧。

18 不小心切到手，隱藏著微妙神諭

切水果切蔬菜或切著各種食材時，不小心切到手，那真的很討厭，切口不深，就是微微淺淺的小傷，連擦藥或貼上ＯＫ蹦都覺得多餘，但是如果不貼，手指碰到東西，就會有微微的麻，帶點癢癢的痛，反正很討厭。

每一次切到手的時候，你在想什麼？

埋怨自己怎麼這麼不小心？咒罵莫名其妙也太倒楣？切到手這件事情，其實也不是意外，這是宇宙設定的整體運轉機制中，非常巧妙的提醒，藉由這種方式希望能提醒你，絕大部分的人類並不知道切到手，流了一點點血，這件看似微小又惱人的事情，蘊藏著重要意義。

首先，你要看看自己切到的是指甲那部分（手向外的那一面），還是手指的指紋那一帶（手心的那一面），若是前者，那代表你接下來要向外擴張了，你即將開始跳脫原本舒適圈，你會開始成長，只是向外延展是過程，經歷過程需要時間，所以請你不必心急，目前你過於急躁，心急，就容易遇上不必要的阻礙，請放緩腳步，也放寬心。

相對來說，如果是你切到手指指紋，就是手心的那一面，這就屬於另一類提醒，也是宇宙想問問你，目前已經諸事俱備，你的心卻還有遲疑，你的遲疑是什麼？答案不見得是你缺乏自信，有些遲疑是庸人自擾，來自頭腦雜念太多，有些則出於本能，你的遲疑告訴你，有些細節尚未釐清，但是，你遲遲未付諸實現的這件事情，早已蓄勢待發，再提醒一次，你看清楚了嗎？你遲疑夠久了，你準備好向前走了嗎？

另外有一種切到手，是被紙邊輕輕切到（paper cut），這種惱人的切口超淺，但常會嚇人一跳，想說最不可能傷人的卻傷了你，到底是何處跑來的無端惡意，真是的。

唉！你真是徹底誤解了紙切傷，這是個好徵兆啊，其中隱喻有人對你萌生好感，對方不知從何開始，內心感到甜蜜又無法確定，看似無心，每次與你接觸又會忍不住心跳加快，既笨拙，又驚慌，像極了愛情。

你不是不小心切到手，那隱藏著微妙神諭，希望你能明白宇宙微妙的苦心。

19 打翻熱飲，是要告訴你……

在家裡打翻熱飲，比如說熱咖啡、熱紅茶、熱水、熱牛奶、熱湯藥……你問那熱湯也算嗎？也算也算，就是你好端端在家裡，倒杯熱的來喝喝，暖胃也暖心，結果一不小心手殘打翻了，撒了，先不管你有沒有被燙到，其實都很煩，因為要清乾淨，在家嘛，你不清誰清？

所以在家裡打翻熱飲，這時候要怎麼辦？

當然先清乾淨啊，不然怎麼辦，難道先去冥想或禱告嗎？但是我告訴你，你一邊清乾淨，還要一邊慶幸，啊，還好打翻了，我真幸運，為什麼？因為，熱飲擋大災，冷飲擋小災。

什麼？你不知道？

神與你的守護天使，有個不成文的協議，如果你的天使認為，你不必再經歷某件即將發生，會讓你再次感到傷心之事，祂可以在對的時間點，瞬間關掉你腦中的事件啟動鈕，讓這件災厄之事，隨順命運之輪，轉向他方。但是如果這樣做，天使要先用一隻手，打翻你的熱飲，這才會讓你手忙腳亂，瞬間大分心，外加慌張以及方寸大亂，如此一來，你的腦中警戒機制才有可能鬆動，祂才能趁機而入，關掉事件啟動鈕。

一手打翻你的杯中熱飲，一手在你腦中迅速按下按鈕，這些動作必須在○．九八七秒內同步完成，這是神的規矩，不然不圓滿，若不圓滿，就無法阻止你去經歷那件蠢事或爛事，你會遇見某個白癡，這整件事情會讓你抓狂，你的天使時時刻刻都要守護你，如果你一天到晚沮喪哭鬧森氣氣，祂真心覺得煩。

所以，乾脆避掉，避掉就好，你不需要再受苦一次，祂也可以減輕工作量，如果沒有順利一次做到圓滿，你知道這些大天使看似慈祥，骨子裡超級好強，祂會繼續等待，覬覦你下次倒熱飲的時候，抓緊機會再度出擊。（是的，很快，下次你又會打翻，什麼？你燙到了？燙到的話，代表天使正在發洩怨氣，祂應該是等得不耐煩了，覺得你很煩。）

熱飲擋大災，冷飲擋小災，你在家裡打翻各種飲品，可以證明天使正在你身邊，替你去災解厄，那是祂無邊無際的愛，也是祂不想加班。

所以你別咒罵了，咒罵是不知好歹的行為，你應該快點將打翻的熱飲清乾淨，然後真心感謝你的守護天使，感謝祂將你的厄運推入命運之輪絞碎，看看祂的胸肌、腹肌、背肌，完美！（喔，我忘了你根本看不見，Sorry！）反正打翻的瞬間你也翻轉了，你是被祝福的幸運兒，要惜福。

20 神說，你的心是一棵許願樹

想像，一棵美麗的樹，開花是願，結實為果。如果你許願，那是使用願力在心裡開出一朵花，願望如花顏，美得讓人生出渴望。

神說，你的心是一棵許願樹，若願望尚未成真，那必定是你沒有好好許願。

許願其實很難，因為人心善變，又愛比較，往往以這一刻對照前一刻，接著又立刻妄想下一刻，時時刻刻意念變動，瞬間所引發的渴望，有時候是稍縱的貪念，下一秒就變成即逝的殘念，以為是個誓願，卻經不起逆風吹殘，最終也僅剩腦中自以為的斷句殘篇，經歷許多亂七八糟的挫敗後，當年許的心願是什麼，早就想不起來。

還有另一種狀況，當一個人在生命中遭遇巨變，風不調，雨不順，環境驟變，被深深打擊了，心念近乎潰敗，那麼就會有好幾年，你會感到時間變得非常漫長，長得像過也過不完似的。我們都以為光陰，會以固定的規格與節奏流動，其實並不是的，就像真正的溫度與體感溫度很不一樣，類似的邏輯，時間的長度也會被你的心念所影響，當你心懷抗拒，想逃避或自欺，你的感受會開始鈍化，由於你得獲得完整的體驗，所以，屬於你的這段時間就會拉長，讓你熬著。

當一棵樹面對環境巨變，都熬著撐著，這些看似惡劣的考驗，其實是要激發出樹的鬥志，如果你是一棵樹，你會不會拚命將根扎得更深？你會不會盡可能保有最低限度的綠意？就算再怎麼不堪，你會不會要求自己，至少在春天來臨時，依舊相信自己，相信生命有其韌性總會有出路，你仍然願意隨順季節更替，吐出新芽？

還是你為求生存，早已耗盡力氣？

若是如此，也是能理解，有時候一棵樹無法開花，並不是不願意，而是不能。這時候不必勉強自己，就好好待著，待著就好。因為命運之輪依舊不斷轉動，沒有任何人會永遠滯留在原的，或許會有好幾年，你只能努力活著，沒有餘力開花，等著待著候著，誰知道那一天根扎得夠深，枝葉早已繁茂，徐徐吹來一陣微風，清爽宜人，悠閒自在，你才突然發現，受苦的日子已經過去了，生存也不再是唯一的焦點，這才慢慢想起，喔，我還會開花呢。

樹會開花，你會許願，許下一個願望，在心中開出一朵花，或許，不只一朵花，滿樹會開滿花，開花是願，願燦爛無比，結實為果，定豐盛滿盈。

你的願望是什麼呢？神說，告訴我你的想望，這是祈求，也是路徑，不要以為不可能，你無須謹小慎微地活著，沒有必要這樣，許願的時候說清楚，態度堅定，慢慢默念你的願望，你要相信，如果你自己都不相信，願望的花是結不成果的。

好好許願，許願具備強大的力量，你的心是一棵許願樹，請好好運用。

21 我有個朋友離婚了

「Griffith Observatory」* 她悠悠吐出兩個英文單字，嘴角微微上揚。

我的朋友離婚了，她找我聊聊，一起喝杯酒，格里斐斯天文台？LaLa Land？我問她怎麼會？

「你有沒有想過，或許神在每個人出生之前，可能都設下了某些節點，那必定是在某個特定的地點，或者是某個瞬間，突然，你就會腦袋異常靈光想清楚，再也無懸念了，你知道就是這樣了，結束了，玩完了。」她說。

* 格里斐斯天文台，位於美國洛杉磯。

我凝視著她點的那杯馬丁尼，色澤極美，杯的形狀簡潔，酒似水般純淨，我知道她總喝馬丁尼，她說喜歡琴酒與苦艾酒的香氣，「馬丁尼是最清冽最乾淨的水。」每次她都這樣說，馬丁尼加上橄欖是絕配，也成了困局，是兩難。不沾酒的橄欖少了動人香氣，但是，當馬丁尼混過橄欖，就此失去純淨，多矛盾，前後進退都為難，只好為難地喝著，喝完再點一杯，再來一回。

「沒有外遇，沒有出軌，沒有不忠。」她握著那一小串橄欖，「單純是我覺得夠了，我的人生可以結束再重新啟動，沒有婚姻沒有這個人的人生會是怎麼樣的呢？說實話，我根本不在乎會怎麼樣，就算接下來孤獨一人也沒關係了。」

「為什麼？」我感到疑惑，「這又跟格里斐斯有什麼關係呢？」

「那次旅行抵達洛杉磯，秋夜涼，晚上我們開車飛奔格里斐斯天文台，除了看星星，還能看見一整片燦爛的夜景。」她喝了一口馬丁尼，微微皺眉，「從天文台走出來，站在廣大的觀景台，望著一整片夜景閃爍，我想我這輩子還有什麼事情沒做？如果有遺憾，那會是什麼？」

宇宙浩瀚，每個人的存在看似渺小，卻能活得細緻透亮，站在電影《越來越愛你》（*LaLa Land*）的真實場景，她眼前閃過那部電影到最後，所有一切，倒帶流轉，盡收眼底，世間人多如螻蟻，紛亂中有其秩序，而秩序卻不見得是常理，開始之後，結束之前，終將聚散，離合悲歡，在告別世間之美，遠離地球前，我有任何遺憾嗎？

如果有，那會是什麼呢？

「然後我看到他正在低頭玩手機，正興奮抓著寶可夢」她開朗地哈哈大笑，喝了一口馬丁尼。

「突然我覺得啊，我站在這裡傷春悲秋，他站在那邊寶可夢，我們之間無話可說，我也不想再說了，兩個人近在咫尺，距離遙遠得隔了一整個銀河系，這就是事實。」

我也笑了，「妳不覺得把悲傷的事情說成笑話，就是妳這個人最厲害的本事嗎？」「我剛剛沒講笑話啊？這很悲傷好不好。」她轉頭望著我，「所有你喜歡的電影、文學、創作、影像，對方皆無共鳴，是物種獨自存活的孤獨感，累積到某個無法承受的關鍵點，靜默在心底徹底爆炸。這超級悲傷好不好，那裡真的好美，我的心在大哭，唉呦，但是我又沒法哭，只能笑，這講起來也太荒謬了。」

在精神層面，那是一顆超新星大爆炸，在天幕之下，是無盡黑夜，靜默，這瞬間的爆炸燃燒，卻帶來無與倫比的明亮，事已至此，她發現自己的悲傷是明亮的，她的遺憾與醒悟是火熱的，不必說出口，因為也無話可說，沒有絲毫辯證空間，燒完，夜幕再度漆黑一片，空無，很好，冷靜回歸，沒有罣礙。

我沒有發表任何評論，我靜靜聽她說完，我想格里斐斯天文台，必定是神所設下的節點，漫天星空是燃點，一整片的燈火輝煌，是掃落的灰燼星塵，對她來說，是重生。

離婚了？為什麼？其實那是一個人終於想忠於自己的心，以月光為準，星光為證，畫下簡潔的句點，乾乾淨淨，沒有橫生枝節。不愛了，不想了，不要了，就是最好也唯一的原因，沒有更好的理由了。

想通之後就簡單了，真正的答案都是簡單的。

22 這輩子再也沒人會愛我了？

「如果，我是說如果，這輩子就再也沒有人會愛我了，怎麼辦？」

我和她走在行人道上，剛剛吃完小紅莓火鍋，整個人全身上下連包包都飄散出火鍋味，吃得太開心，連食道都塞滿食物，我們決定散步消化，走幾站捷運站再搭車回家。這個詭異的想法，到底從何而來。

「沒有人會再愛我了，怎麼辦？」她是認真的，讓我覺得她真的腦袋進水，頭需要被敲破，抽點水出來。隨便都可以找到人來愛你好不好，只是你願不願意被愛而已。」為什麼會有這麼荒唐的執念呢？我問她，「妳應該想一想，為什麼害怕孤單。」

她沒說話，我們一步一步走在人行道上，台北的夜晚清涼，燈光搖曳，她的裙襬搖搖，倒影像蝴蝶跳著舞，真好看。

過了一年之後，她離婚了。

我並沒有驚訝，那是沒活在愛中的女人才會問的問題。她這個人理性，客觀，對待朋友熱情天真，慷慨大方，卻對自己的價值充滿質疑，莫名悲觀。有一種人，會以自己最渴望被對待的方式來待人。她對朋友的愛，包容得近乎寵溺，笑盈盈的眼睛，卻總是迷霧般望向遠方。

「有次我搭車在沙漠的星空下飛奔，漫天星空，我突然明白了。」她告訴我，「村上春樹寫的文字裡有種孤獨，我能感同身受，那孤獨是不知道這世上終究會不會有個人，能夠理解，我也是。多希望有個誰，能夠真正懂得我。」

「但是村上春樹天天一個人跑步，自己跑。有一天我突然懂了，我原本追尋假設或渴求的，被另一個人完完全全理解或懂得，或許從一開始，就是不切實際的想像，是我，將奇蹟當成理所當然。」她微笑了，那是全世界只剩下她一個人也沒關係的笑容，沒有悲傷，是孤寂，卻又輕鬆無違和，這世界上的二元性，某種角度來說，就是矛盾相悖的元素皆並存，她只是接受看似悲觀的設想，跌落到最底，最怕的時候就不怕了，看透最悲觀，反倒從谷底翻升成了樂觀。

每個人生來都是孤獨的。因為孤獨，才能自由。

「我多麼希望有一個人可以懂得我，帶我走，我原本以為他是，才走入婚姻，多年來，我逐漸明白，終究沒有什麼對的人，這世界上哪有誰真正懂得誰呢，沒關係，我可以一個人跑步，我可以帶自己走。」

關於創作、情感、無止境的質疑與思辯，或許無法被誰全然懂得，那又如何？部分的我，有些人能明白，另部分的我，有另外一群人或許可同理，有些記憶是一群人喧嘩歡慶，有些往事是與閨密淚眼相望，與知己相濡以沫，心上有些地方命定得空蕪，只能獨自一人空空蕩蕩，既然空蕩，那就好好放著，不必填滿，任雜草叢生，明月升起，漫天星空，行星與行星之間，數不清億萬光年距離。就算一個人，舉杯邀明月對影成三人，也沒什麼不好，至少這一刻，我是真實無比存在著，與星月相映照，孤單且坦然。

「如果這輩子就再也沒有人愛妳了，怎麼辦？」我故意問她。

「無所謂啊，我有我自己了。」她閃閃發光。

有自己就足夠了，被愛與愛人皆可遇不可得，愛自己是務實。

23 你以為的傷人，是假議題

你以為自己的沉默是為了保護他人，但真的如此嗎？有些話，你選擇留在心底，覺得說出口可能會傷害到對方，於是你選擇了沉默，選擇了忍耐，甚至告訴自己：算了吧，我不在意，也不在乎。

你不敢說，是因為害怕嗎？還是因為不知道如何啟齒？當你的心頭不斷湧現各種恐懼，這只會讓你變得更加沉默。你不說，是為了不傷害對方？還是害怕自己受傷？至少要對自己坦白，你害怕的是什麼？是面子嗎？你害怕發聲後顯得自己不合理？不理性？不公正？考慮不周？還是害怕對方聽完後發怒，導致你們的關係惡化？

然而，你以為的傷害真的存在嗎？如果你說出想說的話，對方真的會受傷嗎？或許會，或許不會。你真正害怕的是將話說出口，可能會引發不必要的紛爭。所以你最想保護的，從頭到尾都是自己。

當一個人長期不表達自己真正的想法，把「都好。」「隨便。」「你決定就好，我都可以。」當成了口頭禪，看起來既隨和又好相處，事實上才不是這樣，這樣做只是將決定權交給對方，做了一個看似尊重的動作，但也僅限於表面，欠缺實質助益，是有意識或甚至無意識地，對關係的操弄。

對方說了算，就讓對方來決定，你只打算跟著做。若結果不滿意，就可以自動歸咎是對方的決定，將問題推給他人。讓你好整以暇扮演無辜方，這就是所謂的被動侵略性，在行動上顯得被動消極，內心卻九彎十八拐，既沒打算坦誠，也無法直接說明白，讓人難以捉摸。

你以為的傷人，是假議題。不要以「我怕傷害你」為名，當成藉口，要說不說，其實都可以，但應該是有意識的選擇，會傷害對方，只是你主觀的猜測，對方也許很堅強，根本不需要你的保護。如果真要說，誰才是真正的玻璃心呢？

24 順應生命之流，你會浮起來的

來菲律賓薄荷島之前，我從未認真思考過浮潛。

我是會游泳沒錯，但向來本人游泳的原則是，站得起來的深度可以游，若游得更深，可能會滅頂，將立即引發我莫名恐慌，連下水都不想。但是這一天，我想做些不一樣的事，人生有些體驗就得豁出去，不試試看，怎麼知道呢。

所以我上了一艘小船，這是一趟浮潛看海龜的行程，由一個菲律賓小男孩划槳，我穿上救生背心，套上浮淺的大蛙鏡，與我同船的是一個教養良好的印度人家庭，他們說著流利標準的英語，爸爸媽媽看來都很年輕，還有一對黑髮閃亮齊腰的女兒，艾希亞五歲，娜莎四歲，是兩位懷抱美人魚幻想的小女孩，前進海底世界讓她們興奮不已。

划船的菲律賓男孩很認真，我們的小船很快遠離岸邊，在一望無際的海洋中成為一小點，突然這時候，海底下閃過一個模糊巨大的圓形影子，男孩大叫，海龜海龜，大家快下海啊，有海龜！

噗通！印度爸爸俐落跳下水，接著印度媽媽也絲毫不遲疑跳下水，接著兩隻小美人魚也吵著要跳下水，這是她們生平第一次浮潛，自然超緊張，一下水就狂叫狂喊狂哭，接著這對父母就一人捧著一個，開始在海上一邊叫鬧一邊拉扯，剩下我一個人呆若木雞坐在船上，與划船男孩面面相覷。

「你不跳下去嗎？快跳啊，你不是要來浮潛？快啊！」划船男孩問我。

「啊……」

我皺著眉頭，大腦還在遲疑，身體卻立刻回應跳入海中，我簡直被自己驚呆，接著腦中百轉千迴開始大叫，「哇！好深！水底好多魚，好美！啊，好恐怖，啊，好不可思議。」其實我不太會用那個潛水蛙鏡，用嘴巴呼吸超不習慣快淹死，一邊跟自己說放鬆放鬆，一邊雙手又死命攀住船不想放。

就在我非常困窘，一邊掙扎一邊拚命想放鬆，一邊貪戀海底美景，一邊恐懼下一秒就會滅頂，同場放映是兩條印度小美人魚，在我耳邊瘋狂尖叫，加上這對印度父母拚命想制止她們，場面是兩個大人對著兩個狂叫的小孩齊聲狂吼，而我，除了在海中努力掙扎求生，耳膜也快被震破了。

原本海洋一片寧靜，就當我們五人跳下海的瞬間，背景音突然從撫慰人心的海洋聲，轉成人聲喧鬧的吵雜菜市場，人聲吵雜，這真的跟我想像中，差太多了啦。不是應該快樂自在與海龜同遊嗎？

海龜呢？喔，人類真鬧！海龜應該這樣想，輕輕鬆鬆游遠了啦。

小美人魚們狂叫之後開始狂哭，感覺海洋夢碎，混亂拉扯狂吼繼續，花了好一陣子大費周章，兩個疲倦的大人決定放棄，將哭鬧小女孩全部丟回船上，終於，這整片海洋再度恢復寧靜。

這時候我也掙扎得夠久了，我也想上船休息，卻發現，我根本沒力氣上船了，之前身體無形中的緊繃與緊張，耗損的體力遠比我想像的多，雙手支撐力也不足，我試了兩次，都沒辦法上船，越慌張身體越僵硬，划船小男孩也慌了，因為他根本無力拉起我，只能鼓勵我用別的姿勢再試一次，無力可施，我只能攀在船沿邊大口喘氣，說時遲那時快，印度爸爸出手說我幫你，從背後扯住我的救生衣，強力將我拉上船。

還好，他成功了，當我狼狽不堪再度坐回船上，根本劫後餘生，這時印度媽媽輕鬆浮潛展是給孩子們看，印度爸爸人也在水裡，他沒有抓任何船桿，他放開雙手，整個人打開，輕鬆漂浮在水面上，他對著兩個女兒說，其實我根本覺得是老天爺透過他，在對我說。

「你們看我，艾希亞，娜莎，Let Go！Let Go！當你抗拒，抗拒只會耗損你的力量，Let Go！不要抗拒，不要抗拒才會浮起來，在海洋裡放鬆，你要先學會 Let Go！沒什麼好擔心，你是安全的，你要學會的只是 Let Go！你一定會浮起來的。」

聽完爸爸這樣說，小女孩決定要再試一回，她勇敢再次跳下海，這回她沒有哭也沒有鬧，她的身體放鬆了，但是雙臂還是忍不住緊抓，想抓住些什麼，抓住父親，抓住船桿，她想放鬆，但是忍不住緊抓。

我好像看見我自己。

Let Go！放手！抗拒只是耗損你自己的力量。不要虛擲自己的力量，懂得如何保存力量的人，才知道如何施展力量。放輕鬆，生命之流會捧住你。順流，Let Go！放手吧！Let Go！

我在許多課程中，聽過無數次同樣的話，在澄澈透明的海洋中，像雷一樣再次打中我的心。

過去，我對生命所帶來的種種，諸多抗拒，一如我花多少力氣抗拒著海浪，我無法放手的，我所抗拒的，會持續消耗我的力量，會持續。

Let Go！（似乎是神在我耳邊狂喊著，聽到沒聽到沒聽到沒啊你！）

會浮起來的，順應生命之流，去體驗你的人生。不要抗拒，不要怕。你是被保護著的，你是安全的，要信任。

後來，小女孩們慢慢學會了浮潛，我也是。

當然我們試了好多次，一如許多事第一回很難完美，甚至根本不怎麼美好，但就在這進進退退，行與不行之間，讓我們再練習一回，練習從抗拒到放下，每次練習，都能放下更多，放下更多，體悟也更深。

回航路上，我發現一直這艘船，上頭手寫的船名是 God's Will，再度被雷打到，這一切的一切，不就是老天巧妙地以各種方式告訴我。你抗拒的是什麼？你一直不願接受的是什麼？你使力在創造？還是抗拒？難道你要耗損自己的力量，去對抗這一整片海洋嗎？嘿！Let's Go！你會浮起來的。

這是禮物，是當頭棒喝，也是提醒，關於人生，關於放下、放手，關於信任。

25 羨慕，就是內在渴望補足的

過去我常說，我希望寫出很棒的作品，希望我被記得的並不是人類圖的喬宜思，而是作家喬宜思。最近我發現，這比較偏向我想像中的自己，事實上，我並沒有朝作家的方向努力，行為與結果可以驗證企圖心，從頭到尾，我一直努力不懈的是人類圖，而非文學。

那麼，人類圖對我來說是什麼呢？

一開始是夢想，變成志業，志業聽來很崇高，但當真正落實在每一天，就是工作、工作、工作，不斷工作，許多瑣碎待執行的細項，包含講話溝通，寫信聯絡，一次又一次選擇與割捨，面對各式各樣的人，看見善良，也看見惡意，過了快二十年，我才學會不斷準備好要對外的同時，適時得轉身關上門，留下空間與時間給自己，單純給自己就好。

我原本想著可以透過人類圖改變世界，後來發現這世界也逐漸改變了我。大學時，我以為自己想擁有的，是人人稱羨的人生，後來經歷了許多，現在我不在乎有誰羨慕我，我的人生能夠遇上人類圖，學人類圖，教人類圖，傳播人類圖，以這樣的方式，接觸形形色色來自各行各業的人，聆聽不同的想法與觀點，不同的煩惱，不同形式的幸福，看似飛黃騰達的人生，隱藏無法言述的缺憾，你以為的平凡無奇，卻可能蘊藏深刻的平安喜悅，人生很難論定絕對的幸或不幸，各自為難，各自苦楚，有快樂也有悲傷，取決於每個人的決定，你的決定決定你會看見的風景，這一切其實很公平。

我做不了你做的事，你也做不了我的。人類圖說，每個人來到這世界上，會有屬於自己的幾何軌跡，每個人都有此生要認識的人，要看的風景，當我與你擦肩而過，不管吉凶，不管喜怒哀樂，就算充滿衝突、爭執、相互傷害，說穿了也不過是，不同行星各自軌道有所交集，在那些迅速擦撞，又立即錯開的瞬間，沒有誰對不起誰，沒有我不是故意的，真是對不起，沒有羨慕忌妒恨，沒有這些繁瑣的，無法解釋的理由，就只是我與你的人生不同，我們以不同的方式過生活，我們撞上了，又彈開，如此而已。

人生常常是別人看你辛苦，你甘之如飴，又或者別人看你輕鬆，卻完全不知你舉步維艱。

在情緒之書中，關於羨慕的章節如是說，「羨慕（Envy）這個字長久以來，與注視和觀看有關。然而其字源也提醒我們，我們所豔羨的東西看似完美無缺，這樣的形象誘惑著我們，大多數人難免會落入比較的陷阱中，將自己不完美的內在，拿來與別人理想化的外在表象做比較，而羨慕之心，從陌生與距離感中油然而生。」

我不能也不願對別人的人生下定論，因為我最清楚的人生，唯有我自己的，我依然天真，只是漸漸褪去無知的成分，我依然堅信，無人有權利對任何人品頭論足，就連父母對小孩也不能。

我問自己，我現在羨慕誰嗎？我常常羨慕那些擁有不得了美貌的人，也會羨慕年輕人有大把青春可揮霍，羨慕能夠專注安靜的人，羨慕很聰明人，羨慕什麼都會的萬事通……但同時，因為人類圖的訓練，我內心也有一面很清醒，理智上我明白，我所羨慕的人，他們也有各自的人生軌跡，也有屬於自己的功課需要穿越，這輩子每個人選的課題，都不容易。

至少可以確定的是，羨慕別人的同時，一定也有人正在默默羨慕你。你羨慕的，就是你內在渴望補足自己的，不必把焦點放在別人身上了吧，羨慕只是指引我們某些方向，值得去思索，也值得去努力。

26 為什麼已讀不回？

許多人對於訊息被已讀不回，玻璃心碎。對於這件事情，經過我長期研究斟酌，深入發訊息方與回訊息方的反覆辯證後，本人想提出以下看法，希望對玻璃心易碎體質的群眾，提供不同角度的思考與切入點。

你發了個訊息，對方可能會有三種反應：

1. 已讀，然後回覆
2. 已讀不回
3. 不讀不回

如果已讀，然後回覆，代表溝通有來有往。

若是已讀不回／不讀不回，很容易立即開啟胡思亂想開關：為什麼對方已讀不回？他不在乎我？他不想理我？是我蠢，所以他不想回我？我對他不重要？還是他生氣了？

在此先來個人類圖小科普，每張人類圖在文字敘述部分，關於人生角色那一欄，你會看見兩個數字中間有一條斜線，以此斜線區分出前面的數字，以及後面的數字。這兩個數字合在一起，代表你如何與外界溝通，以何種方式建立關係。總共有十二種人生角色，簡而言之，這就是每一個人面對各種人際關係時，所表現出來的行為模式。

前面這個數字，代表你的思考與溝通方式，後面那個數字，代表你所展現的行為模式。由於傳訊息與一個人的思考模式有關，若以人生角色前面的數字來分類，思考自己要如何對應，為什麼不讀不回，極有可能會是這樣運作：

一爻頭腦（人生角色 1/3、1/4）

- 我要想想怎麼跟你說，才能將這前後順序交代清楚，讓你完整明白所有細節。
- 還不確定，我需要仔細研究清楚，不然也不知道該說什麼。
- 之前已經解釋過了，到底還要我講幾次。
- 為什麼你不去 Google？（自己正在 Google 中）

二爻頭腦（人生角色 2/4、2/5）

- 話不投機半句多。
- 我不知道要講什麼。
- 講了你也不懂。
- 你連 Google 都不會嗎？

三爻頭腦（人生角色 3/5、3/6）

- 還在想如何反駁。
- 此刻先斷裂，為什麼？就想斷裂一下。
- 我需要走開，可能會回來，也可能不會，給我點空間。
- 正在 Google 或已經啟用 ChatGPT。

四爻頭腦（人生角色 4/1、4/6）

- 我該如何以圓滑的方式來拒絕你。
- 告訴你實話，怕傷了和氣，不告訴你實話，也是為難。
- 怕你一生氣，我們就絕交了。
- 亂回，聲東擊西根本胡扯。

- 問朋友該怎麼回。

五爻頭腦（人生角色5/1、5/2）

- 覺得尷尬。
- 你沒給他面子，他無法下台。
- 看看你是誰，我根本不必回。
- 目前無法解決，回也是白回。
- 問我幹麼，你無法搞定是你的問題。

六爻頭腦（人生角色 6/2、6/3）

- 關我什麼事啊？
- 喔？你原來要我回？
- 我忘了。
- 這格局不大，其實沒什麼好回。
- 答案在我們各自心中，無須多言。

我們將努力去揣測，認真搞清楚已讀不回的言外之意，同時盡可能生出同理心，畢竟人不是 ChatGPT，無法每次都秒回。

在此同時，不論你是哪一種人生角色，若回到你的內在權威與策略，你根本不想回，那就別回了。況且，這世界充滿非自己，這一大堆非自己頭腦，講出像垃圾山的非自己訊息，本來就沒什麼好回的，總而言之，別人已讀不回其實很健康，請你允許自己可以已讀不回，這也是愛自己的練習方式。

27 對成績的不安，是愛的展現

某天下午，和媽媽閒聊，聊雙胞胎最近的成績。

我說：「他們緩慢前進，似乎就是不擅長讀書，最近有些許進步，但還是令人擔心。」

媽媽回我：「一枝草一點露，他們一定有擅長的式可做，放輕鬆，等孩子長大，時候到妳就知道了。」

聽到這回答我好驚訝，當年她對我可是嚴格得不得了，簡直是虎媽的我媽，怎麼會這麼豁達？還安慰我叫我放鬆？真想搖晃媽媽雙肩，妳是誰？妳是誰？是被外星人附身了吧？把我媽還給我。

「妳當年不是高壓逼我們要考好，不然就是又罵有揍，現在怎麼變了？」我大叫。

「因為當年的我，很擔心也很害怕。」媽媽竟然笑了，「我擔心我跟妳爸如果沒有賺到錢，沒有財產能留給你們，那你們要自立自強，如果好好讀書，未來就能成為有用的人，至少也要有一技之長，才能養活自己。」

原來是這樣。

原來這才是媽媽真正的想法，我從來不知道，小時候的我活得很灰暗，只要沒考一百分就完蛋了，只要考試考爛我人生就毀了，每次成績不理想，爸媽就會臭臉、發怒、失望、訓誡，超級情勒的那種，就好像天要塌下來一樣。

成績考好，晴空萬里，成績考爛，絕望灰暗，偏偏我又是大家覺得我很聰明，但是我就是不愛念書，總覺得這些科目好沒意義，我都沒興趣，我是天天心不在焉，胡思亂想的典型。

我從來沒想過，爸媽為什麼如此在意我的成績，我只是覺得壓力超大，真想吃下快速長大的藥丸，只要長大開始工作，就不必上學，不必讀書，更不必考試了。

原來這一切都是源於媽媽自己的恐懼，她對未知充滿恐懼（57號閘門），擔心我活不下去（44號閘門），她要負責任把我教好（50號閘門），結論就是逼我好好念書，我的童年就在這一堆理不清說不出的恐懼中，扭成一團，其實，媽媽擔心我，對我施壓，也是另一種形式展現對我的愛。

當我的童年已像上世紀般遙遠，沒想到在此刻媽媽講出了心聲，這答案對我來說，像是打開原本黑暗的鎖鏈，那是我當年對自己成績的不安，以及現在無意識投射在孩子身上的壓力，原來，一開始鎖上的原點，是在這裡。

「你現在過得很好啊。」媽媽笑著對我說。

一枝草，一點露。愛打拚，自有生路，親像一支草仔，上天嘛也賜伊一點露水，互伊活落去。共款，人嘛是按爾，只要照步來，自有上天的相助。

現在和媽媽話家常的我，真是幸運，有時候人生道路要走得遠一些，再回過頭，原來當初糾結無解的，根本不是我們以為的。小時候的我，大概怎麼也想不到有一天，我真的可以和媽媽成為朋友無話不談，我本來以為她超愛批評，從小到大熱愛打擊我，誰知道從頭到尾，她和爸爸才是全世界最挺我的人。

一邊罵一邊挺，完全無違和。

28 心碎的聲音，化為脈搏跳動的節拍

她可以聽見每個人心碎的聲音。

大家都以為，心碎只發生在當下一瞬間，之後只要別再想起，只要粉飾太平，就會沒事，就能遺忘。並不是這樣。事實上，只要你心碎過，碎裂感就存在記憶裡，成為習慣，內化為你的一部分。

比如說，你經歷了某件事，最後只剩心碎。

從此之後，每當你講到這件事，甚至不必講，只要想起某些片段，某些瞬間，某次談笑間，那最日常，甚至不是什麼感動的時刻，伴隨而來，就是一次又一次心碎。無法

放下，不能穿越，那心碎無可避免，就成了常態。

你以為會遺忘，你以為會沒事，卻只剩下日夜重複的心碎再心碎，變成習慣，化為脈搏跳動的節拍，成了呼吸吐納，流動在意識與無意識之間，擺盪不休，牽扯一次又一次，無數次。

她可以聽見每個人心碎的聲音。

有的心啪啦啪啦碎得徹底，十足戲劇化，淚水溼成一片，沉重糾結不好解。有的心是仔細先裂出一條縫，再靜靜裂開了，如此絕對，不容侵犯，裂了就決裂。有的心則碎成細沙，隨風飄散，刷的一聲不容於世，灰飛煙滅。還有一種心碎是捲曲揉成一道光，聲音柔美如樂章，悲傷得不可挽留，裡頭卻帶有很美的成全，與圓滿。

她的任務就是靜靜聽完這顆心，專注陪著，欣賞每顆心都有各自的姿態，各自奢華，各自卑微，各自淋漓盡致，以各種方式，碎掉。

如果她願意，如果她知道時間到了，如果她明白這是該出手的時候，就可以伸出雙手，手心面向夜空，想像星辰如塵，是苦是痛化為塵土是必然，不可留者不再留，餘下一道暖流，補起來、補起來、補起來，她閉上眼睛默默念著，不知道要念多少次，念夠了她會知道，就會停下來。

停下來之後，才可以，就這樣，終結這個人心碎的循環。

順帶一提，每次施展補心術，她就會失去一點點知覺，畢竟修好每顆心，都要拿自己部分的生命去換，她很清楚有一天，當自己的知覺盡失，此生任務就此終結，那會很圓滿。失去所有知覺之後，才不會有罣礙，可以毫無遲疑就此飛走，好好離開。

29 配額用盡前，享受每次體驗

我愛花，從年輕開始，居家固定處都會插上鮮花，像是入門處、餐桌、轉角、玄關、房間，不必多但需要有。我這個人可以不吃或隨便吃，卻不能落眼之處沒有花，莫名偏執，隨著季節、心情、感受，選的花皆不同，花是生活必要之奢華，讓我確認，我正在好好過生活。

我常在想，每個靈魂來到這世界之前，會不會有某些設定，像是，這輩子會擁有幾次愛情，幾次性行為，賺多少錢，會不會有小孩，會有幾個小孩，會吃多少飯，會睡多久，像是設定一生睡眠總時數之類，會交多少朋友，會經歷幾次心碎，甚至我在想，應該也會設定好這輩子擁有多少花，多少植物，有沒有寵物，會養狗或貓，還是昆蟲魚類爬蟲類之類。

假想每個人都有一張勾選清單，選項繁多，可選可不選，還能明確標明數量、頻率與次數，你覺得自己勾選的必備項目有那些？

我認為，我設定了鮮花配額，而且數量要了很多很多很多，是必備項目，無法捨棄的那種。雖然數量多，但配額畢竟是配額，總是有限，所以每一次都珍惜，與花相伴很愉悅，很舒心，很自在。這輩子會設定配額的，必定是真心熱愛，沒理由就是喜歡，一下子就沉浸其中，忘卻時光流逝。

另一個，我確定自己設定好配額的，就是人類圖時數，不管是念書上課授課研究解讀，都算在人類圖這個項目的總時數裡，所以每次講到人類圖我都很珍惜，我很清楚這一切並不是理所當然，這輩子可以沉浸在人類圖的世界，是幸運。

每一種體驗，每一次體驗，都有開始也有結束，就像花束會凋謝，總有一天配額會用盡，用盡也很好，那將是盡興盡情後，愉悅的告別。所以在配額用盡之前，我將痛快地，放肆地，讓自己享受每一次美麗的體驗，每一次美好的相遇，對我來說這就是擁有的意義。

30 能量場的耗能，與對錯無關

大多數人都以為人類圖是一張圖，圖上講述你的特質，再深入人類圖一些，會明白人類圖是敘述每個人都有自己做決定的方式，需要回到內在權威與策略來做決定，這張圖是你的人生使用說明書。

而我們往往疏忽自己的能量如何運作，大多數人以為頭腦歸頭腦，身體歸身體是兩條平行線，所以絕大部分的人，都以頭腦的思考模式來做決定，秉持理性準則來命令或支配自己的行為，而不是反過來，先了解如何應當對待身體。

身體就像植物，需要充足的陽光，乾淨的空氣，適宜的養分與水分、氣候與溫度，身體也一樣，每個人的身體需求不同，找出最適合自己的生活方式，才是真正尊重身體的需求。當身體是健康的，舒服的，放下抗拒的，整個人的能量才能順暢運行。所以，人類圖不斷強調提昇自我察覺，從某種程度來說，是避免頭腦不斷地自動化下指令，強迫身體去執行頭腦認為是正確的選項。頭腦的功能是釐清與區分，最後作決定的還是身體來決定，頭腦的存在是為了服務身體真正的需求。

換句話說，若以頭腦理性思維來判斷一切，對身體頤指氣使，很容易過度耗能。

身體若過度耗能，精神狀態就會被影響。每天過生活，本來就是持續耗能的過程，能量必定會消耗，所以需要供給補充，而補充能量的管道，不僅僅是食物，還有睡眠，以及居住環境，與你互動的人事物等等，如果你沒有好好吃飯，沒有好好睡覺，長久待在不適合你的環境之中，或不斷與錯誤的人事物糾纏著，那麼你的能量無法適時補充，就會造成長期耗能，精神感到昏沉，日積月累就會損傷身體，成為疾病，讓你不得不正視自己的狀態，開始調整。

有一次我與瑪麗安一起作實體課程，她主導，我翻譯，那一次我難得被激怒了，對著一位顯示者學員直接懟回去，瑪麗安制止了我。

她只是告訴我：「妳要保護自己的能量。」

面對顯示者的挑釁，若非以生產者薦骨的聲音來回應，不斷用言語辯證論理，當生產者忽視身體的回應，以頭腦先行，自以為聰明地辯論不休，那麼生產者開放的能量場，很容易被顯示者尖銳的能量場所傷。

當時的我，還無法體會能量場的耗能如何運作，但是我很清楚接下來持續好幾天，儘管我克制住自己，盡量保持中立，還是無法難忍忿忿不平，完成課程後疲累不堪，連續昏睡好幾天，才能勉強恢復。

而能量場的耗能，與對錯無關，能量場是有機體，並非我們理性所理解的樣貌。回到內在與策略，做出正確的決定，真正保護的是你的能量場，讓你不會無故耗能，不會浪費能量在不必要的人事物身上。

回到內在權威與策略來做決定，相信身體的智慧，若道不同，不相為謀，這樣說並不帶有任何貶義，而是指出中立的事實。如果我們頻率不同，沒運行在相對應的軌道上，那你走你的陽關道，我走我的獨木橋，不必要的交會甚至衝突，只會引發彼此更大的耗損。

人生並不容易，何必讓自己活得更難。

31 如果你養到荒野狼的孩子

我常暱稱「整合型通道群」為四條荒野狼的通道：

- 34-57力量的通道（人的原型的設計）
- 57-10完美形式的通道（求存的設計）
- 10-20覺醒的通道（承諾去追尋更高真理的設計）
- 34-20魅力的通道（即知即型的設計）

這四條通道共通的主軸關鍵字為：我賦予自己力量（self-empowerment），直白說，有這系列通道的人，如果他們要做某些事，前提是得自己願意，若自己沒意願，就算家人朋友鼓勵激勵外加強迫勉強，都是沒用的。這是基因底層設定的機制，我要做我投入，是因為我想要我願意我愛。如果本身沒有意願，別人說破嘴也沒用，無法被激勵，無法被鼓動，無法被引誘或推動。

當初生雙胞胎的時候，由於兩小子在我肚子裡面對面坐著，胎位不正加上是雙胞胎的諸多考量，醫生建議剖腹產，當時我學到人類圖分析師第四階段，當醫生列出的手術建議時間表，我立刻排出這些時刻有可能的選項，興奮又開心，自以為我可以選擇雙胞胎的人類圖設計。當時醫生囑咐我，我們先排時間，但還是要以胎兒的狀態為優先考量。生小孩這種事變數很多，雙胞胎可能會選擇提早來，或延後。順帶一提，每個人的人類圖設計，是根據胎兒離開母體的那一刻來計算，所以不管是自然產或是剖腹產，什麼時間生出來，人類圖設計就是如此。

後來我生出一對顯示生產者，薦骨內在權威，兩條荒野狼通道（34-20+20-10）的雙胞胎。當時我以為這樣的設計，以後長大想做什麼就去做，我完全不必激勵他們，會自動自發（為母幻覺），沾沾自喜覺得很棒。時至今日，他們今年上高一，經過兩輪以上的七年週期，我才真切體會這種「我賦予自己力量」設計是什麼意思。

他們賦予自己力量，同樣的，他們也無法被強迫。這意謂從小學到國中，如果這兩個小子對某件事沒回應，就算你在旁邊循循善誘，搧風點火，威脅利誘，他們會因為頭腦層面被我說服了，裝模作樣也去做做看，但由於身體欠缺真實回應，所以表現出來的行為就是：

1. 心不在焉。
2. 過目即忘。
3. 得過且過。

即便我再怎麼努力鼓舞鼓勵，曉以大義，甚至情緒勒索，他們會因為頭腦層面又被說服了，於是去做做看，接著換湯不換藥，差不多的循環又會再來一次。

當然這也與他們6/2的人生角色有關，六爻的頭腦正在經歷早期三爻嘗試錯誤碰撞的過程，頭腦以為可以試試，但是二爻的身體退縮得很快，表面看起來就是他們說好，但是行為上表現得怯弱，容易放棄。

生小孩的時候，我只想到荒野狼設計很好耶，如果想做就會即知即行，卻沒預料到並不是你要他們即知即行，他們就會順你的意立刻行動。

首先，要他們真正有回應的事，行動力才會展現，但什麼才會讓他們有回應？要找到也需要摸索，以及不斷調整。比如說，對吃飯沒回應，對運動沒回應，對寫功課沒回應，對學習沒回應，對學校沒回應，如果我比他們更急，那就是皇帝不急急死太監，他們看似順從，天天照表操課上學去，兩人卻看起來活得很虛空，成績吊車尾，讓我超糾結。

一直到他們上了高中，兩個小子決定要讀復興商工，天天功課繁重，有許多美術技法要練習，相對於國小國中時期，我在旁不斷用力推動鼓舞，我累了，我決定放下（也是放棄），我再也沒有替他們請什麼家教，我告訴他們，是你們選擇要走美術的道路，媽媽接下來不會再管也無法管，你們好自為之吧。

他們從來沒提過自己熱愛藝術，喜歡畫畫，但是出乎我意料之外，他們天天都在畫，除了作業，他們還自己一直畫，畫個沒完。過了一個月左右，雙胞胎兄弟竟然自己開始用功，不只認真畫，連學科都願意念，自己作筆記，畫重點，複習功課。這些我在他們小學國中提了又提，要他們作的事情，本來左耳進右耳出，現在竟然都自動自發願意執行了。

之前我只期待他們每科及格就好，沒想到上了高中的第一次月考，兩人都名列前茅。我什麼也沒做，原來，顯示生產者有回應與沒回應，簡直天壤之別，而所謂自己賦予自己力量，就是這樣，想做就自己衝了。

如果你生到荒野狼的小孩，以我的經驗可以告訴你，不能逼，無法逼，逼了也沒用。只能在旁邊餵食他們有回應的食物，支持他們有回應的事物，剩下的，只能陪孩子一起探索，一起冒險？一起去發現也不知道會怎樣開展的未來。不確定的時候要記得提醒自己，他們總有一天會找到自己有回應的事，不必我在旁邊多嘴多舌，請放心。

養小孩，真是為人父母更深刻的去制約之旅。

第3章

與暗黑的拉扯：開撕賤人與自我療癒

我也恨過。

只是恨的時間頗短，對於情緒仇恨值這種事情，我無法持續太久，因為太累人，既然一直恨著記著這麼累人，乾脆就忘了吧，雖然已經發生過的，無法假裝從未發生，就算想不起來，還是會留下烏漬的痕跡，深深淺淺，像桌布上打翻醬油碟，就算試圖想清乾淨，難，就是會留下殘影。

全球新冠肺炎疫情期間，我生了一場大病，當時疫苗還沒研發出來，醫院擠滿人，我高燒退了又燒，燒了又退，連續十餘天，雖然咳嗽不止，還好沒失去味覺，托老天爺的福，還能順暢喘氣。在那段畏冷接狂燒，盜汗後退燒的日子裡，我睡得昏沉，期間作了許多夢，在夢境裡，會有某個人的臉出現，下方註解一行上字幕的概念，當成是這個人的註腳，然後消失，然後又浮現下一個人，照例也打上字幕一行，再消失，接著又是下一個人……

那一行字幕通常簡短有力，比如說：此人猥瑣狡猾又小器。或是，這位天生見不得人好。又或是，這人心不好，放在陰溝裡。諸如此類，畫面連人帶字，大約會出現幾秒，然後消失，每個人像排隊一樣。

後來，燒終於退盡，大病初癒。

我從不覺得生病是意外，那是身體底層求存機制正在清理，不管是心裡還是身體，都需要燒個痛快，燒個一乾二淨。

然後我就寫出了這一系列賤人退散，是我的人生經歷小總結，很實用喔，請參考。

32 嚴防賤人生事

社會上人人想出頭，求溫飽之際，搏版面，求出頭，名利欲望各種需求，戲法人人會，各自巧妙不同。當人心思變，眾人期待變革，有些變革是水到渠成，有些則是為反而反，刻意製造議題，想引爆眾人隱而未發的情緒。

只要引爆情緒，接連而來是一觸即發的衝動，以情緒強力攻擊，如煙霧彈飛來飛去，最後一團混亂，誰也看不清。這時候更要嚴防有人造謠生事，避免被有心人鼓動，掀起混亂，輕言改變，誤入歧途。

變革是必然的演變過程，但是該留意的是，對方所說的言論，是鞭辟入裡，直指核心？還是處心積慮，編造唆使？這些言語的背後，出發點是良善？還是權謀？

若不小心掉入情緒的迷霧森林，靜下來，調查清楚，讓你心煩意亂的，是事實？還是那個賤人故意滋生事端，惟恐天下不亂？

嚴防賤人生事，他們要的是注意力與仇恨值，這是賤人刷存在感的方式，不入流，你不必，也不值得浪費力氣相對應。

33 對世界懷抱惡意的病菌

有種人被討厭，來自於這種人很習慣性的，不管是有意識或無意識的，會做許多細微的小動作，這些小動作看起來微不足道，看似不經心，其實隱藏一大堆微小惡意。

比如說，故意語帶模糊，看似轉述別人所說的話，卻話中有話，稍微附加某些微小的、煽動性的情緒，故意不說白，不釐清，模零兩可只待有心人自行心領神會，期待別人無限延伸詮釋，然後從一切根本無事，延燒到多事之秋，再推說自己根本沒這意思，是大家誤解多心，兩手一拍，撇得乾乾淨淨。

為什麼要這樣做？

這種方式看似隱晦，其實想要的就是刷存在感。

這種人的心靈，帶有一款「對世界懷抱惡意」的病菌，內心深處見不得太平盛世，也容不下別人過得好，「我沒有過得很好，你怎麼可以過得好？」「我沒有過得舒坦，你憑什麼舒服？」這款病菌會讓人在靈魂層面，逐漸佈滿髒點。

日後，儼然成為病菌的宿主，久而久之，當他們與人親近的時候，不知為什麼，總會散發出一種不懷好意的微腥味，敏銳的人可以聞得到，那種在不安中蠢蠢欲動的惡意，隨時都在找尋機會，加油添醋，見縫插針，暗自竊笑風暴因一句玩笑話而起，世人真是癡愚，如此好操控，不費吹灰之力。

你問，遇到這種人如何解？

只要走開，你快走開。

走開就好，不必爭辯，不必反應，不要給對方一絲一毫注意力，你被引發的任何情緒，都是這款病菌的營養品。惡意需索你的注意力，有人注意才有機會互相引發，互相感染，千秋萬世流傳下去。

你走開就好，然後要記得，只有最見不得光，最渺小低下的存在，才會以這種方式來刷存在感。你不必去消弭任何人對世界的惡意，你只要健康過好自己的人生，不屬於你的業力牽扯，不必多事去承擔。

34 時間軸錯亂的人

時間軸錯亂的人，讓人討厭。

所謂時間軸錯亂，就是這種人習慣將多樣事件發生的時間點，前後錯置，自行組裝成他們認定的詮釋。簡單來說就是倒果為因，再倒因為果，可能以為自己在演天能，時間軸線胡亂糾纏成團毛線球，脈絡扭曲，只有他認定才是道理。時間軸錯亂，可以成功模糊焦點，再轉移焦點，最後乾脆曲解焦點，將整件事情徹底扭曲。

為什麼要這麼做？

這種人就是想占便宜。

占便宜的意思就是好處都歸他，錯都歸別人。時間軸錯亂是取巧的方式，回顧過往，只擷取對自己有利的部分大放厥詞，對自己不利的部分全部忽略不提，或倒果為因，這是操控記憶的絕佳方式。

怎麼對付這種人？對質。一項一項對質，列出準確時間軸，將那條他口中扭曲的時間軸，用蒸氣熨斗燙平，平平整整，一五一十，列出所有讓他啞口無言的證據。

關鍵性決勝點在於，不要生氣，不要被激怒。對方丟過來的情緒髒汙，你要先以寒冰徹底凍結。記住，各種扭曲不合情理的說法，都是對方試圖想激怒你的手段，你如果掉入陷阱開始有情緒，就很難條理分明，據理力爭，你生氣，就會變成情緒攪爛泥，讓他得逞。

話說回來，你何必生氣？時間軸錯亂的人，通常腦袋也不好使。腦袋是個好東西，偏偏不是每個人都會用，這我們早就知道了，不是嗎？冷靜下來清楚條列，一條一條說清楚說明白，就是最適當的回擊。

35 標榜自己是善意

「標榜自己是善意」的賤人模組，也非常討厭。簡而言之，這種人就是：你的善意不是善意，是不懷好意。

他們最常掛在嘴邊：我沒有惡意啦。我是好心喔。我就是熱心（也太熱心），我是善意，真的，我是關心你，我古道熱腸，我替你擔心，諸如此類，請大家以此類推，照樣造句一萬句。

因為自以為是善意，所以肆無忌憚，探聽你家祖宗十八代，還會理直氣壯直接問你，你是不是肥了？你是不是瘦了？你要不要結婚，要不要生小孩，要不要生第二個三個最好生一窩。他們當然也很關心你要不要離婚，評論離婚好還是離婚不好，多嘴多事為你擔憂，離婚了那孩子該怎麼辦？（怎麼辦？是我養又不是你養），他們也很在意你每個月賺多少，賺不賺得到錢？現在作的工作會不會有未來？

標榜自己是善意的人，通常都住海邊，管得超級寬，他們世界無限寬廣，放眼望去所有一切都歸他管轄。為什麼這些人自以為的善意滿到溢出來，滿到無處發洩？

謎底超級簡單，他們不想面對自己，自己的人生太真實太恐怖，為了逃避只好來關注你的人生，以一種不懷好意的方式蹭溫度，喝茶說閒話閒磕牙，看起來好熱心想關心，事實上只是嘴上說說，卻不必為你的人生負任何責任。

面對這些假善意，你只需簡單回覆。

禮貌回法：謝謝您關心，未來有機會我們再說。

直接回法：不勞您費心。

凶狠回法：是不必你雞婆了。

附帶提醒你，這種話要淡淡的，沒有情緒的回才有真正殺傷力，那是一種老娘不想花力氣跟你周旋，一如面對蒼蠅眼前飛來飛去，惱人又無趣，厭倦的疲憊，這些不耐煩的情緒你要確保對方真的收到，然後你可以手一揮，好了你，可以退下了，本宮乏了，跪安吧你。這樣執行起來，彼此才會高下立見。

這種人讓人討厭不是意外，所以我認為他們既然有那麼多的善意，可以留給自己，這種人的人生需要極大善意，自己用都用不夠，根本不必分給我，請留著自己用。

36 很愛替人下結論的總結王

有一種人很討厭，他們就是「總結王」。總結王很愛為人下總結，他們的總結夾帶大量臆測，還有自己的妄想症，他們尤其熱愛論定誰是誰非，更令人火大的是，他們超愛跟你說，面對面說得斬釘截鐵，好像全世界他最聰明，只有他看出箇中端倪，只有他找出來龍去脈，他是福爾摩斯投胎轉世，他最會蓋棺論定，他的總結頭頭是道，擲地有聲，講來講去最厲害的，就是他本人。

總結王自認他把你看得很清楚，為什麼你的人生行不通，數落起來，他講得頭頭是道，他還能提供各種解決方案，雖然從未經歷過你的人生，也從來沒試過這些方案到底行不行，反正他很懂。他從天而降相當了不起，降臨的作用就是要來指導你，指導周圍每一個人，他睿智，他有愛，替你下結論是你榮幸，希望你千萬別不識好歹暴殄天物，所謂良藥苦口，不管你想不想聽，你願不願意，為了你好，他一定要替你做個總結。

孩子不乖，是父母過度寵溺，導致小孩不知好歹。
老闆找麻煩，是你不會阿諛奉承。
閃婚，必定是先有後婚。
不婚，必定有難言之隱（疾）。
離婚，是有小三。
想跟你合作，是心懷不軌。
幫你的人，只是在設局。
事業成功，那是僥倖走運。
努力工作是死愛錢。
不努力工作是沒出息。
炫富是因為有祖產或被包養。

總結王下的結論簡潔有力，通俗易懂，非常容易引發眾人共鳴，他真心相信話只要講出口，一切就成既定事實，簡直比點石成金還厲害。

如果有一天，總結王對你的人生下總結，好像一分鐘講完電影情節，講得合情合理（他認為）不容置喙，請你，欣賞眼前這位單細胞生物充滿創意。你知道，這完全是不同檔次的見解，不必爭辯，真的，連回嘴都不必。

他的總結，架構在他的人生極為有限的眼界，那就是他的一整個世界，一個人的自以為是，不會因為你的爭辯回嘴而瓦解，他沒有意願了解你的人生細節、你的心情、你的為難、你的委屈，你的種種一切對他來說都不重要，他在意的是，自己要如何編出一個定論，讓他的腦袋繼續直線運轉，讓他的世界維持假像不會崩毀，他真正在乎的才不是你，而是他自己。他得努力捍衛凡事必有因，而這因，絕對不能違背他的既有認知，否則，他要如何自吹自擂，自我感覺繼續異常良好地活下去？

所以你更要明白，世事如夢，總結如屁，瀟灑隨風，不送，不必追。

這就是我們對總結王的總結。

37 超愛用情緒來勒索你

有一種人很討厭，因為他們超愛用情緒來勒索你。

讓我們先來界定一下什麼是情緒勒索，維基百科說：情緒勒索是「在關係中不願意為自己的負面情緒負責，並企圖以威脅利誘控制他人的行為模式。」

轉成白話文，熱愛情緒勒索的人，我們在此稱為「情緒媽寶」，他們常說類似的話：我都是因為你，所以我才如何如何，結果你竟然這樣那樣，才讓我很難過／受傷／生氣／沮喪／悲傷。這是情感層面的操控，把這一切講成，你不該、不能也不可以，違背我的期待。但真是如此嗎？

每一個人不管選擇什麼，每一個選擇都會有風險，成不成不可能百分百確定，結果若盡如人意，自然很好，但若不如預期，情緒媽寶就會開始怪東怪西，甚至怪到你頭上。如果他感覺不爽，就要你負責。那麼，這個人處理情緒的能力，是無能。「情緒媽寶」需要的，是被哄被疼被吹捧，「情緒媽寶」需要娘秀秀，你想當對方的娘嗎？想想看，如果你找個對象，你是母愛莫名其妙大噴發，需要找個「情緒媽寶」來餵奶？若不是，那麼面對這些情緒勒索與脅迫，你要大大方方，理直氣壯，直接明確漂亮拒絕。

拒絕的意思是，清楚劃出界線，不要將對方的情緒無意識地背負在自己身上。

畢竟這世界上沒有任何人，能為誰的情緒負責，做不到，也沒興趣。自己人生自己過，千萬別賴在我身上。如果你因為我難過受傷沮喪痛苦，請你重新做選擇，不必勒索我，也別相互折磨，我的人生很寶貴，不需要被情緒勒索，也不必有人添亂，沒有人想認領一個無能又退化的情緒媽寶來折騰。

斷開情緒勒索的鎖鏈，你要看清楚，想被拯救的人之所以存在，是因為有人相對地，想扮演拯救者的角色。換言之，情緒勒索的人會奏效，是因為你多事無聊三八假賢慧，在那邊勇於承擔被勒索者。

只要有一方斷開，就能斷開魂結。這是不必要的糾纏，祝福大家早日脫離情緒勒索之無盡深淵。

38 幫你並不是理所當然

有種人的運作模式是這樣，一開始裝弱勢裝可憐，容易引人幫他一把，這裡幫那裡幫，幫到最後成了點氣候，就會開始認為別人的幫忙理所當然，各種行為與要求越發無理，終於最後激怒對方，將原本援助全部收回。

然後他們最在意的就是，你為什麼不幫我了？你怎麼可以不幫我？卻忘了一開始，所有義務幫忙本來就不是理所當然。

他們並不會檢討自己的行為態度已變樣，只會埋怨別人，別人怎麼可以改變，怎麼可以不幫我？如此一來更顯得自己可憐，落入受害者的心態。

長久以來，我的人生中吸引了很多這樣的人。

類似的白痴情節不斷上演，思考過後我突然恍然大悟，會吸引這樣的人，是因為一開始過於慷慨，支援給得太多也太快，所以來的都是貪婪的人，並無意外。

美其名是人好，事實上是眼盲。

在人類圖的27號閘門的四條爻，這也是我的設計中的重要課題，27.4的爻辭是：

【27.4 慷慨】

自然而然將所獲得的豐盛，與人分享。

木星上升：優渥有質感的分享，其天賦在於能因人而異，適當給出鼓勵。慷慨分享的力量與影響力。

火星下降：隨意分享。若無區分而隨意分享，有可能會帶來損失。

關懷與付出是好事，但必須有所區分，索取與付出，一體兩面，索取援助並不代表低人一等，而付出也不是理所當然。我願意與人共享資源，做人可以慷慨，但要有區分，有些人可以幫忙，有些人則不必。可悲之人必有可恨之處，若只是因為一時同情，就一股腦付出資助，對我來說是耗損，對對方來說是限制。

換句話說，幫忙其實不見得是好事，幫忙給得太快，是限制對方成長，有時候不要幫，才是真正幫，如此一來，對方有機會自立，才能體驗自己原來這麼有力量。若無區分而隨意分享，同情是廉價的，付出也變得廉價，伴隨而來的只是損失，損失的是我的資源，在此同時，對方也損失了發揮才能的機會。

我們大可不必，將各自人生弄得如此廉價。

39 跨越幻想與現實的差距

二十歲，幻想擁有一只法國奢華珠寶卡地亞（Cartier）三環戒，希望會是我愛的男人買給我，當成愛情的見證。

沒有發生。

走入婚姻時沒有發生，人生就過了，大半。

走出婚姻，我想，不必再等了，身為獨立自主的時代新女性，我鼓起勇氣走進Cartier，人生有限，何時才能等到愛情的見證？我跟自己說沒關係，要做就去做吧，我想擁有的珠寶，我想去的地方，我想做的事情，不必等誰，我要為自己而做，不需依賴愛情來證明我的價值，重點是我要好好珍惜自己，不必一枚戒指或禮物來當成證據。

有回應就去做吧，這枚珠寶不僅代表我堅定的決心，也是新生活的象徵。

親愛的閨蜜和我一起推開 Cartier 大門，試戴了三環戒，突然覺得夢想破碎，三環戒根本不適合我啊，當我戴上了咖啡豆系列戒指，閨蜜大聲讚好，妳值得，好漂亮啊，我們就是適合浮華世界的美好浮誇，我也穿越了，跨過幻想與現實的差距。其實就是 Cartier，其實就是一只戒指，其實就是離了婚，其實就是過去十幾年光陰飛逝，其實就是不要回頭，不要惋惜，不要覺得被誰辜負，永遠可以重新開始，可以面對自己所有喜歡不喜歡，我已經往前走了，千軍萬馬拉不回，我是自由的，從今往後。

而且，人生沒經歷過不知道，樸素的三環戒真不適合我，我可是搖擺活潑的咖啡豆啊，就這樣，我擁有了 Cartier，見證自己的新生。

40 你怎麼會覺得自己沒長進呢？

人生看似慌忙地繞來繞去，卻好像縛地靈一樣待在原地沒動靜？我想提出一個想法你聽聽看，有沒有可能，有些時候我們的人生不需要快速前進，而是向上提升？

什麼意思？比如說，你站在一樓與站在十樓、五十樓，站在頂樓，都是在原地，風景卻截然不同，完完全全不一樣的觀點與心境。

不必囫圇吞棗似的，想消化各式各樣的人生議題，有時看似暫停，隱藏的智慧卻在細節裡，一層一層向內剝開，一層一層在上爬升，靜下來檢視細節，才會發現人生啊，模糊又華麗，殘忍卻清晰。

當你覺得煩悶，責備自己為什麼在原地如陀螺般周旋，發現自己拚命衝撞卻走了冤枉路，該學的功課你避不了，我也逃不掉，關於個人的珍貴領悟，總會在瞬間靈光乍現。不要因為無聊了，就覺得自己沒長進，站在原地也很好，成長總是一路迴旋，往上攀升，不同高度會有新的理解。不要再莫名催促自己往前，珍惜自己，回到內在權威與策略，觀照你的心。

41 逾矩，是時候該重新定義

孔老夫子說他這輩子怎麼過，寫了以下三十八個字：

「吾十有五而志於學，三十而立，四十而不惑，五十而知天命，六十而耳順，七十而從心所欲不踰矩。」

他是西元前五五一年生的，今天是二〇二一年，所以這是（拿出計算機）二五七二年前的說法，那個時代沒有飛機，沒有便利商店，沒有網路，沒有社群媒體，他忙著周遊列國教化大眾，感覺孔老夫子身體超級健康，當時人類壽命並不長，他可以跑來跑去忙到七十多歲，如果是現在，我倒覺得他挺適合當 YouTuber，不必出門，就能對大眾訓話，不得不說他規矩很多，夠堅持，學究色彩鮮明，我真好奇他如果活到八十、九

十、一百歲會說些什麼，必定不止這三十八個字。

兩千五百年前的不逾矩，要求的是自己，兩千五百年後的不逾矩，我認為已經不是要求自己的問題，這個年代更無法要求別人，但是我們可以畫出一條線，重新定義對逾矩的認知，文明進展至此，認知只要翻轉，就會有機會改變。

人類圖提出能量場的論點，每個人都有自己的能量場，能量場的範圍是每個人的手臂伸直，乘以兩倍為半徑，然後上下左右前後劃出一個圓球的範圍，那就是你的能量場。我認為，現代對逾矩的定義應該是 為了向孔子致敬，我也寫了三十八個字。

「越線。以有形或無形的方式，未得允許，雙方未達成共識，進入對方的能量場，帶來不愉悅的感受。」

一個人是否逾矩，不應當只由法律、道德與別人的價值觀認定，而是相對的認知、體驗與感受，而且我想說，這是相當主觀的認定，沒錯，在此沒在追求什麼客觀中立。

比起兩千多年前，你要周遊列國才能看到人或被人看到，接下來苦口婆心講了一輩子，企圖要有影響力，兩千年後，我們只需家中坐，打開網路，有理、無理、有來由、無來由，有禮、無禮、有加害、有被害，網路上充斥各式各樣論述，截然不同的各種主張，攻擊與反擊，影射與防衛，逾矩的認定再也無法客觀，應當是主觀的，由每個獨立個體自行認定。

所以網路上或流傳的各種言論與私語，不管是傳播別人的私事，暴露別人的祕密，有些不是說說而已，還有做了些什麼，只要讓人覺得難過難堪不爽，造成任何層次的痛苦，當事人覺得逾矩了，就是了，這並不需要訴諸公評，應該回歸到最直接，是個人的感受與認知。

你這樣對待我，或你做了這些事，我覺得不舒服，我認為你越界了，你已經逾矩，而你接下來要怎麼做，我無權干涉，那是你的人生。但是我不會在此沉默，我也不會讓自己默默傷心，或覺得人生好不公平，我會直接乾脆告訴你，你已經逾矩，然後，接下來我也會以我的方式來應對。

當對方逾矩，你要做的只是站出立場，很簡單，為了你自己。

如果你都沒有抵抗的意思，那對方怎麼會知道冒犯了你，這相對來說，整體人類在此議題，尚未進化的人數太多，可想而知我們還有一段漫長且必要的進化過程要走。意識層面的進化勢在必行，潛移默化的認知革命，正開始燒起。

42 自己的事，自己過得舒心就好

你自己的事，自己明白就好。

如果你不明白自己，卻反其向而行，只是渴求得到他人同意、接受、接納、贊成你的想法或作法，這邏輯不是很詭異嗎？你明白自己的偏執嗎？你清楚自己的執著嗎？你真的懂得自己做的每個決定，背後的鋪陳與脈絡嗎？

你在人生中所做的決定，到最後，與別人都無關，自己明白就好，自己懂了就好，你知道了，你放下了，過去就過去了。

別人的執念，與你的人生無涉。

你選擇了讓自己活得自在，你並沒有欠全世界什麼解釋，你不需要解釋，置身喧鬧裡的孤獨沒什麼不好，你早明白了，不是嗎？

照顧好自己，你很好，人生會很好，過得舒心就好。

第 4 章

12個人生角色的重新定義

我一直認為在人類圖知識中，人生角色這部分非常實用，這是每個人與外在建立連結的方式，簡而言之，就是每人面對各種人際關係時，所思所想，以及表現出來的行為模式。如果你對人類圖不熟，歡迎你上網搜尋「亞洲人類圖」，免費跑出屬於你的人類圖設計。

這一章我想以輕鬆的方式，來講講人生角色，所以整體規則很簡單，你只要記得，總共有十二種人生角色，然後前面那個數字代表的是頭腦的型號，後面那個數字代表的是身體的機種，所有數字只有一到六，對應易經卦象一爻到六爻。

身體展現出來的是行為，是整體帶給人的感受與氛圍，頭腦則是如何吸收資訊、以及如何歸納總結，再經由言語溝通出來。舉例，我人生角色是1/4，我的頭腦型號是一爻，身體型號是四爻。所以我是一爻的腦袋，我以一爻的方式思考與溝通，同時我活在四爻的身體裡，所以行為模式會以四爻的方式來展現。

關於人生角色更詳細更深入的專業知識，你可以參考《圖解人類圖》與《人類圖：區分的科學》這兩本書。而這本書要講的是人生角色實務版。所謂實務版，就是累積應對進退，與人為善也與人交惡的經驗值之後，所獲得的，教科書上沒寫過的，經驗值大解析。

希望你從中窺見不同思維模式，不同行為模式的差異性，然後，請記得這只是冰山一角，人生角色還可以研究得更深，更多，期待你一起來探討。

43 一爻身體的樸質：4/1、5/1

要怎麼說一爻的身體？直接？樸質？原始？堅持？硬底？堅持？都對，也不盡然，整體來說，一爻的身體是頑固又執著，很直白，同時又有粗暴的那一面。

一爻身體在此指的是人生角色5/1與4/1的人，這是最原始的身體機型，原始代表著以求存為考量，求存除了諸多生存需求，也代表著對愛的各種渴望，當然這涵蓋了親情、愛情與友情，生來恐懼底，即便頭腦不承認，身體渴求安穩、扎根、鋪底，並不喜歡也不擅長改變。

要讓一爻身體有安全感，最務實的做法，就是吃飽喝好、住得舒服，喜歡吃的，可以吃的皆備齊，生活無虞一切便利，然後要有人知冷知暖，提供愛與關懷。你會發現不管5/1或4/1終其一生追求的，都是活得安穩舒適，這才能他們整個人安定下來。最理想的狀況，就是打開一個空間，裡面都是他們所熟悉的人事物，有他喜歡的物件，喜歡的床鋪，喜歡的餐桌廚房空間，還有所愛的人相伴。

所以，當一爻身體進入一段關係之中，若這段關係讓他們感受到安定舒適，他們是最想天長地久的那一種人，除非你讓他徹底無法忍受，否則改變的機率並不大。

不管是4/1或5/1，四爻與五爻腦想得雄心萬丈，但是在身體行為層面，他們是直白的，質樸的，一個指令一個動作，他們是這樣，也認為這世界應當這樣。換句話說，如果要相愛，就是好好愛下去，以我們說好的方式，愛著。我會照顧你，你會照顧我，以我們熟悉喜歡的方式，久了成習慣，就這樣陪了你看盡細水長流。

若不愛了，請省下多餘掩飾的動作，當質樸的身體接收到指令，是不愛了，要結束了，就算很痛苦，還是得畫下句點。最怕的就是這個一爻身體還愛著，而對方已經決定要結束。怎麼辦？一爻身體會永遠愛著他，或者永遠愛著她，在身體的某個角落，以一種只有我知道的方式記憶著，傷心也罷，那就直接傷心到底，以粗暴又壯烈的方式對待自己。

然後一爻身體會開始反覆碎念，對自己碎念，也對周圍的朋友碎念，反覆細數這段感情中的點點滴滴，到底是哪裡出了錯？是不是當初對方講的某句話，其實有弦外之音？為什麼要這樣？為什麼會發生這樣的事？如果自己做些不同的選擇，是不是就能改變這無言的結局？

這段過程是很恐怖的鬼打牆，一爻身體會不斷自我辯證，再詢問你的看法，但其實根本聽不進去，由於一爻身體全身細胞都需要答案，而那答案要足夠強大，強大到震碎他既定的頑固認知。所以這為一爻身體會不停收集各種可能性，然後再擊毀這些可能性的正確性，貌似瀟灑裝堅強，不愛就不愛了，結束沒關係。底層卻黯然神傷，其實脆弱得要命，然後繼續鬼打牆，繼續問自己問別人，有的會買醉喝醉說沒醉，有的甚至可以哭整夜，獨自垂淚到天明。

而一爻身體畢竟還是堅強又質樸，當他們經歷完漫長黑暗的鬼打牆時期，當他們不僅在理智面了解，連身體細胞都新陳代謝，脫胎換骨接受了，好了，這段情過去了，我給過。那他們就真的好了，內心或許依然愛著對方，但是可以恢復正常運作，然後準備開始下一段。

他們就是直，愛得笨拙又直接，不愛就不愛，不夠愛就不夠愛，要假也很傷，如果愛了，愛就應該持續到永久，過程如果遇到困難就克服，對彼此不爽就容忍，沒有無瑕疵的感情，但是既然認定要在一起，就務實好好在一起，這就是一爻身體的原始性。

或許這世界上真有人會天長地久吧，我默默看著一爻身體這樣想著。

44 二爻身體的軟爛：5/2、6/2

在此二爻身體，指的是6/2、5/2，這兩款人生角色的人。尤其6/2的人生角色為數眾多，5/2人數較少，我想提出我的觀察與見解，供大家參考。

你向6/2人提出分手，對方默默接受了，連挽回或辯解的企圖都沒有。一副就是，你既然已經決定了，好吧，那就這樣吧。

提出分手的人，真的想分手嗎？案例不同，各自相異。至於被分手的那一方，真的接受嗎？能不能挽回？要不要復合？對於二爻身體來說，答案不是關鍵，關鍵在於如果你試圖想挽回，代表你在乎我們之間的關係，你不想輕易放棄，這至少說明我們曾經擁有的，對彼此人生具有某種程度的意義。相反地，如果你根本沒有表示要挽回，這就透露出分手是你要的，那麼二爻身體就會乾脆放棄，說得很好聽是成全，但背後透露出看似被動，其實自己也覺得不適合，早想分手的事實，只是二爻身體不想決定，將主動權遞給對方而已。

所以你的對象若是二爻身體，你提出分手，對方默默接受了，不僅接受還祝福你。這軟爛的行為不僅讓人無言，還令人生氣。為什麼？為什麼你就接受了？如果連一點掙扎都沒有，連想爭取的意圖都沒有，你接受的態度像死魚，那麼我對你而言，簡直是無關痛癢的陌生人，然後，我們就這樣翻篇了。那過去曾經擁有過的，又算什麼呢？你優雅，你雲淡風輕，而我們愛情就如屁消散，像從未存在過一樣。

只是，這世界上多的是你不知道的事，面對分手，二爻的身體究竟發生了什麼？那看似軟爛的行為，是他們想躲起來，二爻身體很極端，有絕對把握時全力出擊，只要有一點點不確定，就想縮回自己小小的安全世界裡，他們保護自己的盔甲，就是逃避。

這時候5/2與6/2的表達方式就不一樣了。

5/2會好整以暇死顧面子，假裝顯露出大器，侃侃而談，就事論事，因為五爻入世懂事，所以成全，回家全面崩毀的慘況是不必給你看見。

6/2則是不再溝通什麼，他們會拚命告訴自己，算了，爭取只會給自己帶來二次傷害，被拒絕更不堪，還不如好好洗腦自己，沒關係，我是OK的，分手是OK的，我只要繼續往前走，往前走，往前走，人生總是會過去的，前面總會有新的人事物等著我，我是OK的，殊不知內心碎成一片片，他們不會讓任何人看見，只會裝出我的人生沒你沒差的動作，表現出無傷的姿態。

如果你與二爻身體交往過，分手時他們沒挽回，請了解二爻身體的脆弱與躲避，這就是他們處理傷心的方式，嘴上總是說沒關係，我很好，或許連他們都不見得意識到，自己的身體需要一段非常漫長的修復期，既然愛過，最好是不會痛啦，怎麼可能。

每種設計面對結束與分手，有各自的處理模式，無法理解非我族類的方式沒關係，但是別因為不理解，而否定自己擁有過的愛情。愛過就愛過，快樂不堪都有過，在一起需要堅持，提分手需要勇氣，只要清楚這是你要的，是正確的決定，人生翻篇是好事，恭喜自己。

45 三爻身體的躁動：1/3、6/3

如果你仔細觀察三爻身體，他們天生帶有某種躁動感，躍躍欲試，他們就是想試試看，不行嗎？就偏要，對三爻來說：「不可以」這三個字就足以點燃他們，那是根深柢固令三爻身體感到興奮的基因，不可以？偏要試試，不信邪，就是吸引三爻永遠的誘因。

具備三爻身體的人生角色是1/3與6/3，對他們來說，絕對並非絕對，永遠也從不永遠，怎麼可能不可能，雖這樣說，也不代表他們隨時隨地都會胡亂嘗試，只能說三爻身體懂得應變，為了取得自己想要的，會放手一搏，這是本能。從旁人眼光來看，三爻身體極容易見風轉舵，很會鑽漏洞，但是對他們來說，這是機會出現，當然要抓住機會，怎能放過。

所以三爻身體容易躁動，某種程度簡直狡猾，從一開始他們就做好最壞打算，永恆不變是騙小孩的童話，沒有人比他們更清楚，人生常態是變化，唯一不變就是變化，既然如此，一開始就不求長久，先得到再說。剛開始三爻身體不巧取，只強奪，或許粗暴生硬，但別忘了他們並不笨，沒多久就能邊做邊調整，摸索出門道，時日久了也變得熟練。

對他們來說，最糟的狀況並非犯錯，而是沒有嘗試。如果沒有嘗試，就是空白一片，枉費人生來一趟。如果嘗試過，卻發現是錯誤，也是賺到，至少累積經驗值。所以不做誰知道，反正一開始認定成功機率不大，在這點他們相對很悲觀，但也是悲觀，所以任何比預想狀況好一點的結果，都是好事，最後反倒樂觀了。

他們到底是飛蛾撲火很莽撞？還是奔向燦爛很勇敢？三爻身體的躁動是某種程度的蓄勢待發，他們總想探探底線，你如果告訴他，這是界線不要越線。他聽到的只有「不要」，然後身體所有細胞會亢奮，立即想試試把「不要」轉化成「偏要」，不試怎麼會知道呢？或許抓住機會就能往前推進，誰知道？所以他並不擔心被拒絕，你早已拒絕了不是嗎？所以賭一把，如果不行也沒關係，但是如果行了，就有機會翻盤，那就是賺到了，不是嗎？

三爻身體面對成功，很難維持現況，他們要不開始嘗試新做法，或者挑戰新想法，又翻轉出另一片天空，再創高峰。又或者另一種極端是，他們會直接搞砸，故意的，偏要毀掉原有穩定的一切，才有機會清出新的，得以改變。所以1/3會從錯誤中學習，再度扎根研究，而6/3則是從遠大遠景為起點，起手式客觀又抽離，從制高點看待這段經歷。

同樣道理，他們的愛情很容易吸引與自己截然不同的對象，眾人皆云不可能，才不管，就是因為如此不同，才有機會改變人生，改變之後好不好？誰知道，但一如三爻的邏輯，不做，你怎麼知道？大不了是錯誤，錯誤也沒關係，再改就好，那到底要改變到什麼程度？何時才會穩定？

三爻的身體才不求穩定，他們求的是刺激，是改變，是一頭撞上你說的不可以，輸贏誰知道，反正我投入了，義無反顧，你覺得我蠢？我才不覺得，我覺得我很帥。

44 四爻身體的決裂：1/4、2/4

不是吧？四爻人不是最擅長編織人際網絡？連結與關係根本是四爻身體的本能吧，怎麼會決裂？好的，四爻身體在此指的是1/4與2/4人生角色，他們可以是全世界最友善，也可以最殘忍，愛你時最慷慨，恨你的時候，也轉變為最吝嗇的人。

四爻的身體決定要分手之前，會心軟無數次，惆悵徘徊，不斷躊躇著，真的要分嗎？我決定了嗎？真是這樣嗎？要結束了嗎？如果真正有放感情，這過程會漫長，你說四爻愛折騰也好，他們會自我折磨甚久，一直累積到燃點，然後就此決定了，無二話，就此斷路。

難道分手之後不能做朋友嗎？可以啊，四爻說，我們可以做不再相見的那種朋友。如果四爻身體分手之後還能繼續做朋友，那我會說：

1. 這段關係沒有真正結束。
2. 對這個人，你其實沒真的那麼愛。

四爻身體的付出與黏著，是以「當朋友」的方式在陪伴，他是否愛你，只要看看有沒有常在身旁，有沒有時不時發私訊給你，有沒有一天到晚想與你分享，想跟你抱怨，想逗你開心。

四爻決定「要分手」，與「被分手」，這兩者相差很大，前者比較不痛，後者則是WTF（what the fuck，搞什麼鬼），對方也太不知好歹，接著立刻掉入與一爻身體相似，不斷詢問為什麼之鬼打牆過程，不同的是，四爻的問法是我對他這麼好，到底是憑什麼他要跟我分手？畢竟四爻盡可能想做到的是，君不負我，我不負君，況且四爻身體陪你伴你與你心連心，你到底是哪根蔥，不珍惜還要分手？

於是四爻身體，宛如動物本能似的，能給對方最大的懲罰就是你徹底失去我了。我們不再是朋友，切八段，我不會再跟你聯絡了，切八段，你再也見不到我了，解除好友，外加封鎖是基本動作罷了，切八段，你再也永遠無法享受我對你的好，你這個人渣碎屑，已被我驅逐至外太空宇宙深處，自此之後，死生不復相見。

因為你不配擁有我，這就是四爻身體沒說出口的真相。曾經付出過越多，分手後就會與你離得越遠。

四爻恨你嗎？不，恨你是你高攀，你已經被歸類為愛恨都扯不上邊的陌生人，過往情誼連骨頭都不剩，剩下的只是漠然。過去我們曾經那麼好，難道不會想念嗎？

會，我會想念你，但是我想念的那個你，早已在我的世界裡死了，當時與你一起的那個我，也已經留在過去的時空裡，再也回不來。這是決裂，不只是我跟你的，也是我跟我自己，就算血肉，也是一刀劃開。

47 五爻身體的權衡：2/5、3/5

如果五爻身體決定要結束一段感情，他們內心某個崩毀的決策點是什麼？在此五爻身體指的是人生角色 3/5 或 2/5 這兩款。

我會說，不管是 3/5 或 2/5 人，天生多疑。多疑並非壞事，而是權衡輕重，步步為營的基本功，因為不輕易相信，容易變得多疑，3/5 是悲觀，覺得凡是最好的，很難會發生在我身上，小心能駛萬年船，多次求證，想方設法保險一點，總是好的。2/5 則是承擔過多，日子久了累積了委屈也不知道從何說，怎麼說，乾脆算了，藏在心中，保護色越來越深，越發偏執起來。

但是不論如何，五爻人內心最柔軟的部分，就是家人與小孩。自己的小孩絕對是守護到底，不能允許他們承受任何傷害。

如果他們單身還未生小孩，小孩並不是他們人生中必然的追求，一旦結婚或進入一段關係，即將迎接小孩到來，那他們的人生優先順序，就會在瞬間起了重大改變。

一切皆以小孩為重。

然而，一切以小孩為重的前提是，五爻人充滿各種他們自認為、自以為，是為孩子好的決定，而這諸多縝密的考量，若涉及到任何自我價值，或者關於自己需要退讓，必須犧牲，他們就會犧牲，會將自己或伴侶，都排在小孩的需求之後，並將之視為理所當然。

所以在過去解讀個案的經驗中，我遇過好幾個例子，五爻人選擇留下，堅持一段不快樂的婚姻，只為了顧及小孩年紀尚小，需要完整的家庭。但同時也有五爻人，為了給孩子最好的未來，最佳的成長與發展，所以毅然決然離開了那段，不適合養育孩子的婚姻。也有五爻人離婚後，再選擇的新對象，首要條件都是必須要對自己的孩子好。

簡單講一句武斷的話，一切與孩子最佳利益牴觸者，皆無效，皆可斷，皆可拋。

這些考量，並非單身時的五爻人能想像的，單身時的五爻很瀟灑、很自由、很浪漫、很自以為，有一種天下好大我來了的氣概，而有了小孩之後的考量，是犧牲嗎？我覺得五爻人才不覺得，為了孩子，他們覺得天下算什麼，看著孩子，再怎麼苦也甘之若飴。

48 六爻身體的瞎扯：3/6、4/6

如果你與六爻身體決裂，提出分手或斷裂，他們會怎樣？在此六爻身體指的是人生角色3/6或4/6這兩款。

通常我們覺得六爻身體相當高度、客觀、高傲、不接煙火氣，是人生典範。面對人生突如其來的衝擊，或出乎他們意料之外的轉變，我要說，六爻身體並非堅韌款，他們以為自己可以承受，身體卻早就抽離，而抽離的方式，其實說白了，是不知所措，無法務實入世一步步解決。

所以他們會怎樣？

他們會做出徹底沒高度，既然無法再高傲下去，跌落神壇之後，剩下的就是誇張無下限的行為，令人非常傻眼。而這樣的反差，通常更明顯會在五十歲之後，當他們進入人生第三階段，結束三十到五十歲第二階段，從爬上屋頂退隱期到下屋頂的再度入世期，處於非自己的六爻人，而這世界絕大多數人都在非自己，掉落到地面的體驗，其實對六爻身體真的很傷。

每個人都有自己的舒適圈，要跳脫框框思考，要跳脫原本舒適圈，並不舒服，需要勇氣，而六爻身體的人所面對的，是不管你想不想，要不要，原本身體所習慣的一切舒適，在五十歲之後逐步快速瓦解，你已經不在此山中，如謫仙掉落凡塵。

失去仙術的仙人，在凡間處處受限，3/6 偏激抗爭賭氣，你會覺得這個人突然好中二，到底在幹嘛。而 4/6 畢竟重視人和，一開始會想用人情，透過各種門路來適應，但是從天下掉下來的落差這麼大，很難圓過去，最後 4/6 的說法與做法會越來越荒腔走板，充滿各種臆測，妄想與情緒勒索，然後變成瞎扯一通。他們的認知是，我就算有錯，我承認，你難道全部都沒錯嗎？你難道像聖人般純淨無瑕？不可能。所以我有錯，你也必定有錯，要扯爛汙大家一起，我不再清高，你也沒多高尚。

你要明白，不管六爻身體做出多誇張的行為，都是一個極度受驚的靈魂，他不明白原本的世界為什麼不見了。第一時間他不會檢討自己，面對轉變六爻只覺得天地不仁，眾叛親離，怎麼可以，你們怎麼可以這樣對待我？全世界最受害的人就是我。人只要開始以受害者自居，一念之差，接下來就荒腔走板，埋怨東埋怨西，自我催眠自我安慰，同時卻離事實越來越遙遠。

之前仙風道骨的悠然自得，已經成為過去，謫仙沾染凡塵，是比悲傷更悲傷的故事。

49 一爻頭腦需要答案：1/3、1/4

與一爻頭腦配對的身體有兩種：三爻身體（1/3）與四爻身體（1/4）。一爻頭腦的思考模式，終其一生都需要答案。

在此所謂的答案，不一定是可驗證的正確結果，比較偏向某種說法，像是需要給一個解釋，為什麼要這樣做？為什麼你會這樣說？你為什麼要生氣？我不懂這背後的邏輯是什麼，請說明。你怎麼知道這是愛情？到底要怎麼確認我愛你？或是你愛我？到底，我會找到對的人嗎？以上，類似這些問題，跨越各種層面，就像小孩子小時候問一百個一千個為什麼，一爻頭腦需要找到個說法，來說服自己。

所以一爻頭腦擅長在腦中盤點資訊，在腦中似乎有個超大資料庫，無法找到答案的歸納在左邊，已經找到答案的歸納在右邊，找到答案但是尚未確定的，放在中間。接著整個頭腦就會不斷繞啊繞啊，根據已經找到答案的，推演尚未找到答案的，而那些有了答案卻還沒判刑的，就時不時會冒出來，再自我質疑一次，相當擾人心神。

同時他們很會自省，甚至太過自省，所以任何事情發生之後，一爻頭腦很容易責怪自己，或立刻思考是不是我之前做了什麼？或沒做什麼？還是我講了什麼不恰當的話？我是不是有任何需要檢討改進的地方？這種相當往心裡去的思考模式，典型自苦自虐。累積許許多多自我反省之後，到了某種年紀才會真正成熟，明白有些事情就是不關自己的事，懂得劃出那條界線，但這往往是他們已經付出許多代價之後，才會有所覺悟。

當一爻頭腦配對三爻身體，1/3人生角色的組合，會變成頭腦反覆推演，還在想個說法說服自己，三爻身體早已躁動著，拚命要衝出去，或乾脆來個了斷，三爻身體真是不容小覷，所以變成一爻頭腦並不確定，而木已成舟，只好面對自己的決定與行為，拚命事後想找個說法，想找個答案。為什麼我會這樣？為什麼事情會變成這樣？不斷自我反省推敲，但其實也容易釋懷，因為做了就做了，錯了就錯了，對了就對了，一翻兩瞪眼的結果，永遠在事後可以延伸出各種說法，在腦中依舊辯證著，後悔嗎？其實不會，單純就是想找個答案罷了。

當一爻頭腦配對四爻身體，1/4 人生角色的組合，將頭腦推演推向限定範疇，這時候一爻腦的分析能力，很容易專注於人際關係，對人與人之間的各種事宜，琢磨甚深。基本上與人為善，總是把人往好的方向想，所以請不要隨便欺騙他們，因為當每一個謊言被拆穿時，四爻身體對於信任碎裂很難接受，只好斷了連結，倘若他們選擇斷了連結，那極有可能在表面上說的各自安好，事實上就等於死生不復相見。

50 二爻頭腦已下定論：2/4、2/5

與二爻頭腦配對的身體有兩種：四爻身體（2/4）與五爻身體（2/5）。二爻頭腦的思考模式不必找答案，他們就是答案本人。

看著一爻頭腦仔細辯證，二爻頭腦已經做出總結，如果你問他們根據什麼來判斷？他們會微笑看著你，好像你問了一個可愛的蠢問題。二爻頭腦擅長蓋棺論定，從小到大練就區分的本事，天天鍛鍊，無人能敵，為什麼知道？就是知道。因為天氣因為溫度，因為你的表情，因為他言語中略帶遲疑，因為這個人穿衣品味太差，因為傳言沸沸揚揚，因為我就是知道，因為那是生物本能，他的定論涵蓋以上所有提到的，以及更多沒有提到的，那是消化了過往時時刻刻，不間斷的察言觀色，眾多思緒之總和，所建構出來的二爻腦強大區分的處理器。

偏激嗎？是的。沒有中間值的思考模式，要愛就愛，不愛就閃。他們也很聰明，腦中偏執歸偏激，也不必讓你看得那麼清楚，所以他們很會漂亮包裝，他們說我尊重你，你要選擇什麼都可以。而沒說出口的是，如果你的選擇與我的不同調，那麼我會微笑祝福你，快走不送。人生苦短何必爭辯？

有種累，叫做想了都累，二爻腦一想到要與愚蠢的人（不是說你，切勿玻璃心）虛與委蛇，已經煩。當然如果他們願意，也是可以做到假意慇懃，敷衍應付，並且唱作俱佳，非常周全，但除非誘因充足，他們願意，否則能避就避，能逃就逃，有時間浪費在多餘的人身上，還不如獨處。

頭腦的獨處模式與身體不同，身體需要空間獨處，頭腦的獨處，是把腦中的某個開關關閉，然後打開另個開關。是的，他們已經進入平行宇宙，那是思想上的獨處，有自己的脈絡正在延伸拓展，這時候的他，無人可觸及，只有他自己快樂存在著，沒人來干擾了，多麼自在愜意。

當二爻頭腦配對四爻身體，2/4人生角色的組合真迷人。這是一個偏激的腦袋活在友善的身體裡，這樣有畫面了嗎？四爻身體容易與人打成一片，如果跟你夠熟，在場也都是自己人，他們會不遮掩說出偏激言論，直話直說，論點獨到毒辣，帶來反差萌也是相當討喜。如果與你不夠熟，那麼這些言論就會停留在二爻頭腦裡，他們看似專心聽你說，其實腦中正想著，為什麼我要坐在這裡，聽這些人荒謬愚蠢大發厥詞？到底？我怎麼了？我應該回家泡澡敷臉就算發呆都好，人生有多少時間可浪費？但偏偏四爻身體依然友善陪伴著，沒什麼火氣。但是一回家，他們立即轉入獨處腦模式。

當二爻頭腦配對五爻身體，2/5人生角色的組合很厲害。他們以偏激的思維，權衡過輕重後，提出的就是最適當、最正確、需要有任何遲疑的解決方案。守護家人與所愛的人，就是他們最優先的考量。他們嫉惡如仇，公平公正都憑他們內在的那把絕對的尺，那是絕對，而非偏激，2/5就事論事很堅持，做對的事是關鍵，他們是如此有使命感，絕對地認定。

51 三爻頭腦會說真假：3/5、3/6

與三爻頭腦配對的身體有兩種：五爻身體（3/5）與六爻身體（3/6）。三爻頭腦的思考模式充滿質疑，你講完你要講的沒問題，然後他們會說，真假？是真的嗎？

真的嗎？真的是這樣嗎？到底是真是假？你怎麼知道是這樣？或許根本不是，你是騙我的吧？我懷疑你沒抓到事情的重點，如果這件事根本不是你所認為的，那會是怎樣的呢？三爻腦中的小劇場超展開，正隆重上演，他們會發揮各種假設，演譯各種可能、各種懷疑、各種堤防、各種防人之心不可無、各種小心能駛萬年船，所以我們更要小心……

三爻頭腦會反駁你的論點，然後提出自己的，接著再反覆確認，自己反駁自己的論點，然後他們會初步做出總結，然後又給但書，畢竟這世界變化很多，這一個結論是基於某種前提，至於前提若有更動，那結論就不會如前所述。這種仔細辯證的蒐證法，與一爻的研究大相逕庭，三爻想找出各種可能出錯的原因，盡可能避開，所以只求一個說法是不夠的，三爻頭腦要的是交代，交代需要經由大膽假設，小心求證，定論可以推翻，推翻之後再驗證，驗證再驗證，然後才能盡可能周全的，為論點做出總結。

如果你能夠理解三爻的頭腦，就不會覺得他們多疑是針對你，真的不是，這是他的保護模式，必定是夠在意，才會問你真的嗎？是嗎？誰說？如果不在意，很快就會自行斷裂，才懶得把事情放到腦中，像啟動洗衣機一樣，洗滌脫水每個步驟全部跑一遍。我常常覺得三爻頭腦看到的世界是灰色的，灰色介於黑色與白色之間，不同灰階就像他們在兩個極端中，各式各樣的假設、各種揣測，他們可以接受結論是黑、是白、是灰色，只要落在他們預想過的區間，就能有所準備，倘若事情不如人意，他們也能接受，畢竟這些都已經想過了，最好最壞都想過，那就這樣吧，不必後悔不必自責也不必怪誰，那就這樣了。

當三爻頭腦配對五爻身體，3/5 人生角色的組合多疑且務實，浪漫以行動來執行，嘴上往往講不了幾句好聽話。對所愛的人極盡守護著，他們是願意天長地久的那種人，總是想避免傷害發生的任何可能性。他們有一種獨特的，與團體共識的反向平衡，當大多數人認定要往東，他們必定會提出往西的替代方案，只是另一種可能性，他們並不是要說服大家往西，而是認為若一言堂全往東，就失去不同視角的思考，太危險。

當三爻頭腦配對六爻身體，3/6 人生角色的組合就變得很仙氣，他們不想負重前行，只想活在自己想要的仙境裡，而仙境，就是他們喜愛的專屬領域，他們會嘗試各種可能性，推翻各種既定的論述，願意與你爭辯，可以研究可以投入，但前提是在他們的仙境裡。他們不走廣泛興趣，他們有自己的堅持，那是親身經歷之後的心得累積，他們不想說服任何人，畢竟同路人幾希，如果能彼此了解，那是神仙伴侶，若無法，也不強求。

52 四爻頭腦顧慮的人和：4/1、4/6

與四爻頭腦配對的身體有兩種：六爻身體（4/6）與一爻身體（4/1）。四爻頭腦的思考模式重點簡而言之八字：合縱連橫，以求人和。

似乎頗權謀？四爻頭腦的整體思考脈絡，並不只是你這個人，而是你認識誰、你的家族、你的公司、你的層級、你的同溫層，以及你背後盤根錯節向外延伸的人際網絡。所以四爻頭腦看待世界的角度，會逐步建構出龐大又複雜的樹狀圖，關係需要有技巧地攏絡，牽一髮而動全身，必要時候要選好，要站對邊，有時候是客套，有時候要交換，有時候只是虛應一應故事，有時候是內心再怎麼不耐煩，表面工夫還是得做足，該有的禮數都要顧到。這些四爻頭腦都很清楚，他們的腦細胞都用在面面俱到，畢竟人情留一線，日後好相見，該說的該做的，該笑容可掬的，進退應對必須得體，若非絕對必要，千萬不要切斷或得罪誰，每條線都要好好留著，人和，是首要考量。

這並不容易。四爻頭腦將所有精神都花在這裡，這匯集了他們所有聰明才智，也形成了他們的思考脈絡，必須仔細推敲，懂得那些沒說出口的潛規則，他們偏重的不是原創性，而是如何傳播擴展，社會人際網絡，人以群分、長幼有序、上下階級都是現實，千萬不能顧此失彼，要設法取得資源，有資源才能解決問題。而在此的資源除了金錢、物質還有人脈，四爻頭腦通通都要顧全，要做到八面玲瓏很難、極難，畢竟人的問題是最複雜的，所以過程極容易累，是心累。

無法自由，難以自由，其實也不想自由，反正四爻頭腦永遠陷於人際網絡的迴圈思考著，琢磨著，強項是禮尚往來，和氣生財，就算制衡也會善用人脈，借力使力，就算要借刀殺人也不著痕跡，四爻擁有最完美的人設，就這樣在表面維持著好好先生、好好小姐，是好人，可喬事，可圍事，而他們真正的企圖並非解決問題，而是如何在其中周旋，交換資源，安撫人心，讓大家相對都滿意，如果不滿意，他們也能找出一套說法，來合理化這一切，世事豈能盡如人意，何不妥協現況，各退一步大家願意接受就好了，就算圓滿了。

當四爻頭腦配對六爻身體，4/6人生角色的組合是全世界最客觀的人。抽離所以客觀，總想要維持關係，就算表面也可以，所以原則是話不講絕，不撕破臉，若真的不知道該怎麼說，那就微笑不語，如此一來，他們就能與世間的一切，維持某種安全距離。如果被逼急了，就會瞬間將客觀發揮至另一種極致，畢竟無人是完美的，連蛋殼也有縫隙，所以他們會貌似客觀，鉅細靡遺挑出你的所有缺失，以此來模糊自己的缺失，這是必殺技。

當四爻頭腦配對一爻身體，努力想達到人和的頭腦，配上樸質的身體，4/1人生角色的組合穩定又執著，你要說什麼，他們都會願意聆聽，表現出彬彬有禮，進退得宜，很是開放的樣子，注意，是樣子而已，因為你講東講西，講到最後，結論依舊會回到他們先入為主的既定結論，沒什麼好更改的，所以他們真的很適合傳承百年基業，千年傳統，沒有彈性在這樣的範疇裡，是難能可貴的美德。

53 五爻頭腦只想解決，少廢話：5/1、5/2

與五爻頭腦配對的身體有兩種：一爻身體（5/1）與二爻身體（5/2）。五爻頭腦的思考模式，著重於務實地解決，解決解決快解決，少廢話，不要兜圈。

五爻頭腦冷眼看著四爻各種喬事圍事，不累嗎我就問。與其繞一大圈子顧全人際網絡，五爻頭腦認為，還不如大家一起來設立制度，開誠布公，該怎樣處理就怎麼處理，最好每個人都大鳴大放把話講開，才能一起找出解決方案。如果能共贏、雙贏自然好；如果不行，那就公平點，占到好處的該付出更多，有所犧牲的得給足補償，這就是解決問題，這才正義。

我認為，五爻頭腦的運作方式，最能代表的應該是「Fair enough」，這句英文口頭禪直譯似乎是很公平、夠公平，但其中蘊藏的訊息帶有：「好吧，我並不完全認同，但經你解釋過後，我考量了整體狀況，我可以理解，所以願意接受，那就這樣吧。」畢竟五爻頭腦見過世面，知道答案沒有用，也不可能獨斷獨行，質疑或周旋也是耗損，那就來協商吧。我們彼此必定都會有不滿意的地方，但是不必過度情緒化無限上綱，要權衡輕重，既然是協商，那必定會有角力，看看彼此手中的籌碼，然後談判，取得最佳平衡點，這才是成年人成熟解決問題的方法。

弔詭的是，五爻頭腦看似公事公辦，不近人情的協商與談判，反倒有機會能贏得彼此敬重。不談感情所以不必情勒，大家務實地將事情解決，反倒在過程中惺惺相惜，生出革命情感，同志情誼。其實五爻頭腦並非不想交朋友，而是更堅信親兄弟明算帳，這樣關係才會走得長遠，如果喬來喬去，過程中有人感覺委屈，最後一定會成為另一股反撲的力量，反而容易破局，這就是五爻頭腦的智慧。

當五爻頭腦配對一爻身體，5/1人生角色的組合是將軍上陣殺敵，不需要維持良好關係，畢竟一爻身體質樸且粗暴，解決問題目標很明確，該怎麼做就做吧。別人對他們期許甚高，她們也有嚴重偶像包袱，不能丟臉，也沒什麼嘗試錯誤的空間，畢竟打仗這件事情，不是你死就是我活，所以5/1需要打好根基，學好練好扎好馬步，一出手就要技驚四座，一鳴驚人，不然就好好藏拙，不必出來獻醜了。

當五爻頭腦配對二爻身體，就是5/2人生角色組合。如果說5/1是將軍，那麼5/2就是尊貴的監軍，不必證明些什麼，我存在，因為我在，所以一切應當井井有條，順應軌道獲得解決。同時二爻身體呈現天生的美感，讓五爻務實的頭腦，以更優雅更適切的方式，來展現解決方案。同時他們也劃分區分得很清楚，該我管的，我管，不該我管的，你不會見到我，誰的場子，主僕之別很清楚，是不必僭越了。

54 六爻頭腦要的是眾人崇拜：6/2、6/3

與六爻頭腦配對的身體有兩種：二爻身體（6/2）與三爻身體（6/3）。六爻頭腦的思維模式看的是長遠，長遠是什麼，六爻說百年之後，你我都不在，那現在的我們，可以為後代留下什麼呢？

這就叫格局。格局不是汲汲營營於每日的柴米油鹽醬醋茶，格局是看得遠，看往後，著重的是未來，是信任宇宙之間會有某種更高指導原則，而人之所以偉大，是因為選擇相信，相信某種比自己生命更宏偉的意義。你覺得六爻頭腦太虛無飄渺？那是你不懂，你不到火侯，所以六爻看你如蟻民，燕雀安知鴻鵠之志，這就是六爻頭腦的主軸。

六爻頭腦在意的是原則、道義、理念，這些都如此崇高，才能成就六爻為人生典範。你說他們懂得愛嗎？他們會說，我就是愛、我是光、我是存在。六爻是世間難得一見的彩虹，引發眾人驚嘆的叫聲，也是可望不可及的星辰，伴隨的是每個人眺望的眼神。他們要的是眾人崇拜，但如此一來就得走上神壇，與芸芸眾生保持距離，美感才能永續。

所以六爻頭腦的為難在於，思想層面標準很高，這些崇高理想讓他們在無形中，與人抽離開來，但事實上，身體永遠無法抽離物質世界，所以當六爻頭腦說自己不在乎，事實上並不盡然。這時候，若有人攻擊六爻偽善，你要他們說什麼呢？就算承認自己平凡，其實也是某種手法，來顯現自己的不平凡，簡單說，這邏輯就是你看我都願意承認自己平凡，是不是很不凡？就算活在塵世間，我也是在空氣中漂浮的煙塵，不被俗世沾染。

所以六爻頭腦要的是眾人崇拜，但是請有格調地跟隨我，有質感地崇拜我，因為我有所堅持的，我超越了愛與不愛，也超越了個人的喜歡與不喜歡，我堅持的是信念，那是人性中最珍貴的，無法以金錢來衡量的，是靈魂的質感。

當六爻頭腦配對二爻身體，6/2人生角色的組合很超然物外，是最美麗最昂貴的蟠龍花瓶，也可以是看似樸素小巧的藝術品，請不要用務實的標準來衡量他們，這世界上總要有人不務實，不務實才能被寵愛，他們自成一個美好世界的同溫層。當6/2活出自己，就能為其他人生角色帶來療癒的力量。「讓我們看遠一點，以長遠的眼光來看現在，你就會發現，許多當下的苦惱，都是暫時的，再往前走，你會發現更多，人生會在你面前開展。」這就是6/2的制高點，切入的時候帶來強大的療癒力量，足以治癒破碎的人心。

當六爻頭腦配對三爻身體，6/3人生角色的組合很神奇，他們在世間懷抱崇高理念，並且勇敢碰撞，撞得像艘沉船的鐵達尼號，沉落在深深的海底，但是只要有一天，某一刻，他們心念一轉，不再在意自己的傷痕累累，當他們真正接受自己，接受了這些傷痕都是智慧與經驗的累積，那麼在那一瞬間，他們就能擁有龐大的治癒力。他們的存在能讓眾人知曉夢想不是不可能，就算受傷是必然的，永遠可以越挫越勇。當你這樣活，就會擁有截然不同的人生，充滿光與美，所有創傷都不再是羞愧，而是徽章，證明你有多完美。

第5章

過了十八年，人類圖帶給我的影響

回到內在權威與策略之後，你的人生有變得更好嗎？

常常有人這樣問我，一開始我的答案是肯定的，隨著時間過去，所謂的更好到底是什麼呢？更好通常是人生有所進展，普遍說來，大家認為生活過得更好的清單：事業有成、富裕的物質生活、婚姻美滿、小孩乖巧，諸如此類。我與人類圖相遇至今過了十八年，以上事項有些達成，有些我不想要了，然後我還發現，許多選項是政治正確，對我來說卻不怎麼正確。那麼，我的人生有變得更好嗎？薦骨寂靜無聲。有變得更爛嗎？薦骨依舊沒發出任何聲音。這個問題很無聊嗎？嗯！我大笑了。

倒是這幾年我的體會是，人真的要正確對待自己，在此我所謂的自己，特別是關於身體，好好滋養身體、照顧身體、順應身體渴望、好好吃飯、規律運動、好好睡覺，這些看似尋常的小事，其實才是人生變得更好的關鍵。

婚姻畫下句點之後，我花了很多時間與精力，重新建立新生活。一開始，我喜歡煮飯給孩子吃，雖然自己沒胃口一天到晚亂吃。沒多久，我開始問自己，我一直煮飯給大家吃，但是，我自己真正想吃的是什麼呢？我開始願意為自己做飯，每次吃飯都擺好盤，漂漂亮亮，慎重其事，我明白過去焦點總向外，專注對許多人好，現在要開始練習對自己好，取悅自己。我開始規律運動，鍛鍊身體，透過健身對自己的身體，有更深的體會，這些都是寶貴的經驗，讓我慢慢恢復元氣，開始踏入另一個階段的自我探索。

所以這一章所收錄的，就是這段日子以來，我與自己相處的點滴。最重要的從來不在外頭，而是我自己。

55 嘴饞與飢餓的差別

住在美國的里拉老師，在人類圖PHS*飲食工作坊提出有趣的論點。她說，身體不餓，卻突然想吃東西，這叫做嘴饞，與身體真正需要進食很不一樣，嘴饞的時候，人往往會不知不覺地吃下一大堆東西，而且無法停下來。相反地，當身體饑餓時產生食慾，只需適量進食便會停下來，並感到滿足。

人為什麼會嘴饞呢？通常是身體累了。比如說，長時間專注於某件事情，像是努力工作、長時間盯著電腦螢幕、不斷思考，身體為此感覺疲累，需要暫時休息一下。然而，你可能因為腦中塞滿了各種想法、或是任務迫在眉睫，必須一鼓作氣完成，因此身體無法立刻休息，為了繼續保持活力，只好求助於高糖分與高熱量的零食，如此一來，才能迅速補充能量，強迫疲憊的身體立刻振奮起來，繼續專注。

甜食也有獨特的功效，吃甜食為什麼能撫慰人心？因為甜食能使情緒暫時平穩下來，同時也能讓記憶變得模糊，藉此逃避痛苦的記憶。

她的話讓我想起，我這輩子甜食吃得最多的那幾年，是在雙胞胎出生之後，當時我超想吃蛋糕，吃的時候囫圇吞棗，滿嘴甜，卻無法嘗到甜的滋味，我知道我不快樂，養育雙胞胎的壓力，婚姻中的挫折，還有繁重的人類圖分析師課業，我不能不專注，不能沒產值，所以甜食就成了在精神上的救生圈，貪戀依附甜食，也是為了求存，讓我得以繼續前進，最後甜食救生圈就成腰圍上的脂肪一圈又一圈。

過去這半年，我慢慢學習不再仇恨脂肪，我理解儲存脂肪也不過是身體求存機制，而脂肪是為了保護我，不管在生理還是心理上，那是我的身體訴說著，好吧，現在的狀況無法盡如人意，既然不快樂，那獲得足夠的能量，先做完當下的事情。這是當下最好的選擇，而殘酷的生存壓力所換來的代償，就是肥胖，是脂肪。

看似捷徑，可以快速解套，所以嘴饞吃零食，狂吃甜食，日子一久，就成為不良飲

---

* Primary Health System，基本健康系統，簡稱 PHS，是人類圖飲食法。

食習慣，我的身體並沒有得到足夠的營養。

我是真的餓，還是饞？我的身體需要快速補充能量嗎？我能否先放自己一馬？起來走走、散步、喝杯茶？我真的需要一直專注工作嗎？還是我能讓自己小睡片刻，聽從身體底層的需求，畢竟餓了才吃，是滿足身體，不餓還吃，只是熱量炸彈，是填鴨。

正確對待身體，察覺身體的各種需求，先減少身體的耗損。身體是載體，乘載著意識，體驗世界的一切。我的腦中有這麼多想執行的計畫、我有很多話想說、我有許多想延伸的思考辯證，前提是身體要健康，才有機會成真，若沒了身體，以上皆不成立。

提升自我察覺，每次想吃東西的時候，我會問自己，我真的想吃嗎？我需要這份甜食嗎？每次吃下肚前，請先問問身體，你想吃嗎？這真是我們需要的嗎？飲食應當是有意識的選擇，而不是無意識地逃避。我很喜歡里拉老師說的：「你問我怎麼開始？就從你的下一口開始，從你每次吃東西的時候開始，每一口，都是很好的練習。」

吃東西是享受，是好好滋養自己，是人生必要且美好的練習。

56 地板，是你最好的朋友

我記得有次練習跳踢踏舞的時候，我的老師告訴我一個觀點。跳踢踏舞的聲響，來自於鞋底鋼板與地板相互撞擊的頻率。老師說，「跳踢踏舞的時候，地板是你最好朋友，也是你最密切的拍檔。」

你如果用盡蠻力拚命踩，地板所回饋給你的聲響，會顯得沉重而有負擔；相反地，若你跳得輕巧，那麼地板回報給你的，就會是清脆響亮的聲音。他還告訴我，以前在學校跳舞的時候，老師會讓舞者練習擁抱地板，因為你和地板會建立一種非常親密，非常緊密的合作關係。

我覺得，這個觀點極美。不僅止於踢踏舞者與地板的關係，裡頭還有信任與愛在無形中流動著，合作著，對應著，共振著。

我喜歡跳舞，隨著鞋子敲擊地板的聲音，我越來越能清楚分辨自己在當下的狀態，有地板陪著我，與我對談，原本以為活著是一個人的寂寞，默默的，逐漸轉成另一種不需言語的對談，地板揭露我這個人如何存在著，在此時此刻此地，我是一個人沒錯，我正在練習與自己獨處，然後每一次都有機會更喜歡自己，往前踏一步，再一步。

跳著跳著汗流浹背，寂寞無妨，孤獨很好，都很安心，因為我能真實感覺到，我和自己在一起。

57 記動作，不靠頭腦，而是脊椎

跳舞的時候，我一緊張就上腦，用力想記住動作節拍，越想記人越笨，緊張兮兮的結果，不是搶拍就是落拍，搞得自己好焦慮。

我的踢踏老師說：「哎呀，頭腦無法記住動作，你要用脊椎來記憶。」我有沒有聽錯？脊椎怎麼記？

老師告訴我，從大腦下指令，再傳遞到手腳，早已慢半拍，想像，如果指令是由你的中軸，就是脊椎發散出來，那動作就會變得很直接，你可以跳得很輕鬆，很自然。

這個說法真美，我想像自己的脊椎是株根逐漸伸展，向外延伸的植物，枝蔓向外生長，具有旺盛的生命力。隨順節拍舞動，就是植物枝葉隨風搖曳，姿態輕鬆又自然。開始跳踢踏舞之後，我常常覺得跟自己的身體不太熟，身體有其機制與運作方式，我對自己的身體太無知，才會一直拚命想透過頭腦控制它。

控制，是源於恐懼，不是愛。

58 不要責備過去的自己

最近，我跟大學同學聊天，講到我們曾經談過的愛情，以及已經結束的婚姻。愛情跟婚姻不一樣，愛情可說分手就分手，之後不相往來也沒關係，而婚姻結束之後，牽涉的面向很多，若有孩子那更是無法乾淨切割的關係。

「有時候我很氣自己，年輕時怎麼會選擇跟這個人在一起，真是蠢到家了。」

「我懂，根本浪費了大好青春。」

兩個女人絮絮叨叨抱怨一堆，結論是年輕的我們，很容易因為不安，或談戀愛談得又煩又累，很是疲倦，於是自以為穩定是個不錯的選項，而身邊正好有一個人出現，就這樣定了下來，講好聽是年少單純，其實就是傻。

現在每週都會上一到兩次重訓課，過去三年來持續練習，現在我的深蹲姿勢很標準，做的時候都能感受到自己的背與腰挺直，雙腿穩定施力，回想一開始浮腫的自己，到現在核心稍微出現腹肌的自己，真的很喜歡這段鍛鍊身體的過程，隨著時間，身體的曲線與肌力也漸漸改變，雖然緩慢前進，依然很開心。這才是真正的我啊，過去長時間沒固定運動的我，到底是在幹麼？建立規律的運動習慣，慢慢地，我從茫然的深淵把自己撈回來，這年頭早已沒有王子救公主，況且我也不是公主是女王，女王養好肌肉足以自我救贖，不必控制，放下控制，每次運動的時候，我都會提醒自己，記得呼吸，記得好好呼吸，不要閉氣，因為我們不心急。

有一天運動的時候，我突然明白了。「媽呀，我們真的不要責備過去那個自己。」不是嗎？我是幹麼要懊悔，還責備自己過去做的選擇，就算以前的選擇，從現在看來真的很蠢，那又怎樣，那也是我，當時的我。如果真能選擇回到過去，我不會去攻擊三年前，那個剛開始練習重訓的自己，我不會嘲笑自己深蹲的模樣很醜，也不會討厭沒做什麼就氣喘吁吁的自己。因為那就是當時的我，可以做到的，可以看到的，最好的選擇。

如果真的可以回到過去，我會好好擁抱多年前開始跳舞的自己，好好擁抱決定要開始重訓，開始練習打拳的自己，我會告訴那個胖胖的，常常浮腫的，常常擔憂，時常不開心，動不動就想大哭一場的自己。

謝謝我當初鼓起勇氣，做出不同以往的選擇，謝謝我自己，開始重新認識身體，學習照顧身體，重新學習如何與自己相處。

所以，雖然不可能回到過去，我依舊可以在心裡肯定，當初決定結婚的自己，以及決定生小孩，並且還生出三個漂亮孩子的自己。我是多麼勇敢的，義無反顧的，不管蠢不蠢，當然後來證明某些決定確實是蠢，我都毫無退縮去做，而且堅持到底。

最後決定結束婚姻，這是我的選擇，過去所有累積，包含好的壞的開心的痛苦的，都有其價值，都成就了現在的我，完整的我，讓我更清楚自己是一個什麼樣的人，不再輕易妥協，也不再退讓求全，我可以漂亮展現自己，不管在創作或工作上，喜歡就喜歡，不喜歡就是不喜歡，我可以對自己誠實，每一天都活得無比真實。

與其責備過去的自己，我更期待接下來的腹肌。就像今天午後的陽光無比溫暖，我看著現在，對自己很滿意。

59 你不必喜歡每個人

你沒有要跟你的老闆、同事或下屬共度餘生，所以你不必愛他們，也不一定要喜歡他們。

有時候你的痛苦，來自於一開始不切實際的期待。人與人之間的相聚，每段關係都具備不同的意義，不論是一起工作，一起合作，共享的是一個更大的目標，彼此互惠，所以需要攜手合作去達成。

如果互動良好，一起合作之後成為好朋友，自然是美事一樁，如果沒有，那也就禮尚往來，舉止合宜即可，喜歡或不喜歡，裡頭涵蓋太多個人情感與期待，很多時候，反而讓人誤判現況。

你可以不喜歡一個人，但是欣賞他的才情，同意他的見解，尊重他的專業，肯定他的才幹，這些並不相互牴觸，大家依舊可以公事公辦，就事論事，相互支援。

你的情感與喜好很重要，理性區分清楚更是關鍵。想想看你對一個人的期待，然後最後導致的失望與沮喪，真的合理嗎？

你願意調整一下自己嗎？這是值得重新斟酌的課題。

60 無人是孤島，底層本相連

某個禮拜，舉辦了一場一階講師的線上補考，之後有位參與評分投票的同學，在他的臉書上寫了一些感想，讓我想了好幾天。

簡單來說，參與這次評分過程讓他重新思考，為什麼當初會選擇某些老師的課，難道真的是這個人的PPT做得比較好？比較美，或是講課風格易懂？思考邏輯前後沒有悖離？還是語調？或是氣氛？到底是什麼？

頭腦可以歸納出所有原因與理由，行得通的是，行不通的又是，永遠可以注意，可以改進，但其實某種程度來說，令人不得不面對的，卻是很直觀的，這個人是，就是了，這個人不是，就不是，不管對方語調多好聽，PPT多華麗，你可以說這就是每位老師的分形線，也可以說是緣分，有些人就是天生祖師爺賞飯吃，每一行都一樣。

人類圖祖師爺 RA 說過，老師是無法教的。不止是教學，很多事都一樣，為什麼你選擇這家店？為什麼你喜歡這個品牌？為什麼你喜歡看這個人表演？為什麼你喜歡聽那個人講話？為什麼你只想聽這首歌，而且只能這個人唱才能，才對味。

真的沒有可解釋的理由嗎？若是能量場會相互啟發，那麼現在線上開課，大家都遠離彼此的能量場，為什麼感受還是這麼鮮明，甚至更加清晰，心底的答案越來越清楚，騙不了自己？

今天我上拳擊課，捶打沙包時，沙包上寫著拳王留下的那句話：

Float like a butterfly Sting like a bee.（如蝶翩舞，如蜂刺擊。）

為什麼時隔數十年，我讀著這句話，揮拳汗如雨下，仍然會有無法言喻的感動？或許真有些什麼，能超越空間與時間，存留在某處，而人與人之間的聯繫，本來就會超越時間與空間，可以相互交流領會。這是不是無人是孤島，底層本相連呢？每個人所具備的振動頻率，無法看見，無法丈量，無法仔細描述，卻真實無比的讓另一方收到，並確認。

人以群聚，同頻共振，不同頻就是話不投機，就是咫尺天涯，就是眼不見為淨，只好翻了個華麗的白眼，就是不必說，也明白，這個人沒有我要的，或者我也無法付出，在這後疫情時代，隔離，身體是隔離了，心靈並沒有。

好殘忍嗎？這世界原本不就是如此。是就是，不是就不是，只是以前我們太忙碌，忙著自欺，潮水退去之後，靜靜的，誰人能偽裝？靈魂的深處底層本相連。

61 動用關係前，想想自己的出發點

這次你幫我，下次我幫你，幫忙的事項與程度，看交情而定，這就是動用關係。

有些人動用關係，是為了讓世界變得更好，有些人則是唯恐天下不亂。人性的矛盾來自於，並不是人人都在意公平正義，評斷標準很現實，如果站在既得利益那一端，往往不會多說什麼，但是，若位於相反那一端，無法取得管道獲得資源，那埋怨就多了。

動用關係是兩面刃，有來有往美事一樁，若為了鬥爭、報復、甚至傷害他人而動用關係，就成了一丘之貉，蒙上惡的陰影。

所以當你動用關係，達成某些結果之前，想一想自己的出發點。反過來，若有些人動用關係來對付你，先別生氣，看清對方要的賤招，都是貽笑大方的把戲，然後你要明白，愚蠢對於某些人來說，不是一天兩天偶爾為之，是常態。

不要糾纏，要懂得繞開愚蠢的糾纏，你值得與更進化的人，創造更美好的關係。

62 稍縱即逝，是祝福

不可能永恆不變，世事如此，情感如此，你的心亦如此。

所以，愛你一萬年是心意，當下心意是真，事實上卻不可能，同此理，沒有永遠的恨，也不會有永遠的愛，無人能永遠保持平和，也不可能持續一直憤怒下去，有起就有落，有高就有低，稍縱，即逝，留下的會是記憶，宛如黃金般的倒影，落在你心底某處，留著。

然後有一天，也會被遺忘。

今天如果有首歌讓你很有感覺，不管是開心、感傷、思念，或是難以放下，就讓這首歌的音符流入你的身體、你的細胞、你的心，盡情在這一刻好好聽完這首歌。

聽完，這首歌過去了，這一刻也過去了，人生這一篇可以翻頁。生命如流水潺潺，人不能踏進同樣一條河流兩次，不必遺憾或譴責誰，稍縱即逝是祝福，活在當下的人，才真正擁有人生。

63 沒有答案，也會活得好好

我們究竟為什麼需要答案呢？

關於自己的選擇，以及自己為什麼要如此選擇，你需要一個答案。對於別人的選擇，以及別人為什麼要如此選擇，你也需要一個答案。

對於愛，要有答案，不愛了，更要有答案，至於生離死別，是沒有答案的答案，就算如此你也希望誰能來給你解釋清楚，你認為自己非常需要一個答案。你以為只要有答案，至少給個答案，就足以腦袋裡的折騰平息。是嗎？是這樣嗎？

身體所體驗的，不在答案裡。

因為恐懼心會太痛，所以不願體驗，只求腦袋裡有個答案，只是若繼續這樣下去，不管到最後答案是什麼，不過是繞圈而已，大圈與小圈，環繞著，周旋著，所謂的答案只是虛晃一招，無法止痛，無法療癒，也無法讓人解脫。

回到你的內在權威與策略，答案是相見與再見，當時，我們愛了，然後有一天，我們不愛了。投降吧，聰明人，愛沒有答案，當然不愛了也沒有。

放心，你會活得好好的，不管有沒有答案。

64 愛情只是路徑，通往真實的自己

到底什麼是愛情？

年輕的時候花了那麼多時間，希望愛與被愛，或沉溺於愛情之中，痛苦快樂又為難。十幾歲的愛情、二十幾歲的愛情、三十幾歲的愛情、四十歲近五十歲的愛情，如果愛情還有成立的理由，對我來說會是什麼呢？

最近，我感受到整體意識正在急速轉變，對於過往對關係的定義與認定，皆逐步在崩解，又重新建立中，原本大家習以為常的價值，開始逐一被挑戰檢視、有些仍被堅守、有些早被捨棄、更多值得再區分再進化的議題，正在不同世代間激烈辯證中。很多事情不再非黑即白，也不是對錯之分，不再渴求天長地久，愛除了痴戀，更需要理解，若期待兩人相互懂得，感覺已難如登天。

當年歲漸長，我已習得一身生活技能，獨立自主成了習性，加上科技進步如虎添翼，這時候，究竟與另一個人相守的想法，是夢想？還是禁錮？畢竟，愛情是個不朽的題目，愛與不愛都為難，談了有談了的美好與幻滅，沒有談也有沒有談的完整與缺憾。

到最後，不管是書或電影，我的感受是，這些愛情的過程，美好或不美好的，只是路徑讓你通往真實的自己。全部都是機會成本，你選擇了，或沒有選擇，都好，都可以讓你領悟，原來，我是這樣的，我是這樣的一個人，我的糾結是這樣，我不在乎世俗在乎的，而我真正在乎的，就算最後這整個星球無人能懂，也沒關係的，我明白自己就好了。

消極嗎？

我反倒覺得非常正面積極，愛情不是擁有或持久就是幸福，我認為愛情發生過的那一瞬間，已是萬幸，之後有談下去，或沒有談下去，各自曲折蜿蜒如何展開，誰能控制得住呢？別管了吧，好好對待自己，不管發生什麼，都不要討厭自己，喜歡自己，就算是那麼彆扭的自己都很可愛，那才是愛情要教會我們的事情啊。

你這輩子不是來談戀愛而已，你要愛的是自己啊，是你自己。

65 環繞在你周圍的人

如果有機會與某些人一起，體驗人生中難得的片刻，是緣分，但是你要明白不會有永遠，世事無常的變化，關係本質的改變，這些並不是你能控制，也不該由你來控制。

該離開的，無論如何都會離開，然後新的連結會建立，告別與結束是必要的，這樣才有會有機會展開新的起點，新的機會，新的開端，然後你又會認識新的人，共同去體驗新的體驗。依戀若是難免，那就依戀，同時也明白，前方還有現在的你，完全無法想像的人事物，靜待著與你相遇。

不必惋惜，而是相信總有一天會分離，所以現在更懂得珍惜。

每一刻都要好好過，忠於自己。時間是流沙，穿過指縫抓不住，那我們就把日子，過得像天空撒落下金粉一樣，閃亮無比。

66 自由無價，自然也有代價

如果孤單是必然，那就不奢求更多了，這並不是悲情，我並不覺得悲哀，只是在某一刻我理解了，也體悟到，如果我這個人這麼容易，那麼好懂，如果人生是可以明白清楚到楚河漢界劃分清楚，那麼，我也不會走到現在這個位置上，成為現在這個我了。

我這一生的敗筆，是我終究看不見自己的價值，這長久以來像個缺口，一點一滴吞噬著靈魂，弔詭的是長年積累的眼淚逐漸填滿了缺口，成了一潭湖水，透亮清澈，輕易能映照出眼前每一個人的好，這是我最痛的缺，卻成了能撫慰人心的圓。

其實看自己，看別人，應當是兩條軸線，從來不應交集比較，我盡可這輩子活在無邊際黑暗之中，那是我，自成我獨有佔領的暗黑宇宙，無損於外面世界光明透亮，生機無限。

自由的本質其實是孤獨，這竟讓我覺得寬慰，如果過去苦於無人能理解，那就接受這是真實，既然如此，別無他途，我自然可選擇不再為此受苦，孤獨其實墜落到底，就實在了，反倒腳踏實地，看穿人世間沒人真正能歸屬於誰，每個人都是獨立的個體。

這是我過去與神祈求自由，掀開底牌給的答案，我認。

這篇文悲傷嗎？我一點不覺得，該如何就如何吧，自由無價自然也有代價要付，很公平。寫這段文字的時候，一直想到嘉明湖，天使的眼淚。

67 不存在的合理，反倒讓混亂合理極了

我在我的世界裡，你在你的世界裡，我和你組成我們的世界，是雙雙重疊的平行時空，無聲相伴，各自存在，在生命之流中漫遊。

我已經不再害怕獨處了，相反地，我竟然喜歡上了一個人，近乎上癮的程度，可以不再顧慮，就單純存在自己一個人的空間裡，帶給我好多好多靈感，我有好多想嘗試的事物，也有各種寫出的切入點，像點點星火，在暗黑不見五指的腦中，閃爍微笑。

二十幾歲的時候，我多麼希望融入這個世界，希望到拚命強迫自己的強度，深怕錯過這世界上任何一場流動的饗宴，二十幾年後，我多麼希望從這個世界獨立出來，簡直到了孤僻的境地，慶幸可以擁有自己，自成節奏，自有節拍，自由晃盪的靈魂，根本無

需故作姿態地反叛，無須叛逃，我已成叛變本人。

曾經頑固死守的，瞬間成雲煙，有過堅信不移的，泡沫般消散，哭過之後不會是悲觀，笑容燦爛的人也不見得是樂觀的，看過了，了然於心，想通了，反倒不怕體驗，也不必過度合理解釋這世界的合理，因為那並不存在。

「人性其實很低劣，真有趣，我竟然會這樣說。」不存在的合理，反倒讓混亂合理極了，理由充分到足夠讓人心安。

68 以整體宇宙為考量

「一個人在世上所做的事，就是內心希望這世界能為他做的事，所以你希望整體宇宙能為你做的，何不先以整體宇宙為考量，你自己先做，為整體而做。」

——54.4 啟蒙／無明，人類圖祖師爺 RA

當年，我開始準備教四階，翻譯爻辭註解，翻到祖師爺的這段話，我獨自在辦公室大哭，現在看來，當時的我壓力確實很大，拚命拚了命地工作，只要稍稍有個小小缺口，隨時可崩盤的情緒，劍在弦上，真的很緊繃。

一轉眼，好多年過去了，現在再讀到這段話，不再悲傷或悲情了，連為什麼當時那麼感傷？竟然想不太起來。

過去十幾年間，我做人類圖，無以名狀總會生出雄心大志，渴望有一天要改變世界。現在的我只覺得啊，要改變世界，其實只要簡單從自己開始，好好睡覺，好好吃飯，好好運動，每一天好好自處，世界的輪軸有其韻律與架構，龐大雄偉，不勞我一個人費心，整體世界將自行改變，身為人，只需順應，參與其中，順應，放下抗拒。

等待，回應。若沒有回應，那是宇宙對我亮紅燈，我當然可以等待，如果有回應，那就是綠燈亮了，可以繼續，我就繼續走下去，走到紅燈再暫停。

當自己逐漸改變了，世界也在改變中。現在重新看待爻辭，好清楚，好直接，啟蒙到無明之間，一體之兩面，共存共生。

69 以為的深淵，其實是幻象

人生總是會有些坎，深陷其中時，似乎身陷無底深淵，整個人被纏在黑不見底盤根錯節的海帶堆裡，彎曲滑溜的帶狀物宛如命運糾纏，日以繼夜纏繞無法鬆綁，無法解，看似無法逃脫，吞噬掙脫的信念，久了，耗損生命力至零，生其實是死，毫無意義。

有一天，大夢初醒，發現長久以來的沉痾痼疾不過是，自己愚弄了自己，總是習慣低估自己，任由恐懼蔓延而高估了難題，看清楚，做決定。

然後，勇敢站起來。

站起來的你會發現自己很高大，以為的深淵其實是幻象，水深不過腳踝處，多年來命運的鍛鍊，其實已經讓你活得更強大。現在，只要你願意，站起來再看一次，看清楚周圍，看清楚自己。

纏繞依舊纏繞，而你大可邁開步伐，大步走開，毫無眷戀沒有遺憾。迎風而行，弄溼的身體慢慢被風吹乾，陽光很溫暖，你已經準備好了，就這樣活出自己想要的模樣，擁有久違的人生吧。

相信自己，你比你以為的更強大無懼，更美麗。

70 身體要就要了，是很誠實

頭腦一直叫我去運動，運動才會瘦，運動才會健康，這些我都知道，但是我的身體完全不想動，用人類圖的術語來說，我的薦骨對運動沒有回應，該怎麼辦？

我會說，沒有回應就放棄吧，等到有回應的時候再去。

運動對身體好，真的嗎？那要看你的身體正處於什麼狀態之下。當然若身體處於最理想的狀態下，你會，好好吃，吃對吃飽，好好睡，睡好睡滿，好好運作，舒展鍛鍊，提升肺活量與肌力，減少體脂，練好耐力。

如果現在的你，正處於人生某些階段，早已身心俱疲，連睡覺的時間都不夠，也沒有時間發呆獨處，每一天的日常運作已經被擠壓到分秒必爭的程度，所有生活日常該做，該注意好的必要事項，已經讓你活得像雜耍團裡的小丑，五顏六色的彩球丟接，已經讓你喘得上氣不接下氣，待辦事項堆積如山，根本沒有餘裕，可以喊聲暫停，靜靜擁抱自己。

如果薦骨現在對運動沒有任何回應，請不必以頭腦來強迫自己，身體有自己的保護機制，不論是消瘦、掉髮、嗜睡、失眠或脂肪堆積，都不是沒來由，只是那理由不見得是頭腦能夠明白的邏輯。

也許你的身體只想睡飽，睡得很飽很飽睡到天荒地老，才有餘裕去運動，也許你的身體想好好吃飽，吃得飽吃得好不等於吃到撐死，而是讓身體明白，你會好好餵飽自己，不會挨餓，不必驚慌，無須時時刻刻自行儲糧。

也許你的身體只想悲傷一陣子，沉默的，寂靜的，看似寂寥其實豐富地復甦著，想想看，你這輩子貼心仔細，為人著想處處留餘地，你有沒有留給自己的身體一些餘地？留些時間轉圜自己的心？

不必再命令你的身體去運動，先好好對待自己，呵護身體的需求，如果有一天，運動是身體所渴望的，你的頭腦不必說，身體已經開始動起來了，身體會以正確的頻率與姿態，以另一種樣貌向世界開展，不會有絲毫勉強。

現在，我去打泰拳或做重訓時，不管是要去健身房之前、正在做運動的時候、還有運動完精疲力竭滿身大汗，我的腦中一片空白，沒有囉嗦沒有對話沒有抱怨沒有催促，就是空白，沒有任何螢幕畫面顯現的狀態。

那就像是，我的頭腦做完一大堆思考，不管是運用在工作上，以及各種瑣事上，然後時間到了，身體自行移至健身房，是身體，將一個運作過度火熱冒煙的大腦，帶走了，這次是輪到身體很帥地，告訴我的大腦，「嘿！你可以暫時當機了，這裡沒你的事，退下吧。」

將大腦帶到另一個空間裡，身體作主了，鍛鍊，是身體在調節在呼吸在使力，除此之外，沒甚麼好想的，腦子空白就可以了。這樣的運動，其實沒有規劃，也沒有目標，就是單純身體要去，然後順利成章就發生了。

這也是另一種頭腦說甚麼說一堆，身體要就要了，是很誠實。你有過這樣的體驗嗎？

71 關於厭煩，就是夠了

厭煩是一種奇妙的情緒，再強烈一點就會轉成厭惡，大量擴散會變得厭世，影響食慾就會厭食，若是厭煩的感覺不斷累積，感覺自己很無奈，卻又無力改變，面對了無新意的人事物如跑馬燈重複又重複，到最後就是徹底的厭煩。

每個人耐煩的尺度不一，有些人一丁點都無法忍受，有些人則容忍度極高，還以一些人則是選擇讓自己麻木，不去感受，假裝這一切不存在。

我認為，厭煩傳遞的訊息只有一個：夠了。

夠了。你吃夠了，你體驗夠了，你受夠了，你接收得夠了，承受過多已經夠了，你已經沒有更多精力投擲在這些沒完沒了的事情上，你看夠對方的把戲，你也看穿這些伎倆，總而言之，已經夠了。

既然夠了，走開吧。

走開後才會有空間與餘裕，體驗不同的面向，看見不同的可能性，關於某些事，某個人，關於這一切你可以走開，重新呼吸新鮮空氣，讓腦中塞滿的僵化對白，那陣烏煙瘴氣的煙霧慢慢消散。

或許走開之後，過一會兒，厭煩的感覺就會隨風而逝，也許還要再久一點，才能開始遺忘，雖然依舊無法原諒，但慢慢能面對了，也或許你走開之後，會突然明白再也不會回頭，走到最後，離開與結束就是最好的答案。

不管是哪一種，厭煩是禮物，讓你知道，已經夠了，是時候要改變了。

什麼？你厭煩的是自己？

受夠自己了嗎？或許時候到了，你可以開始練習對自己誠實，看見真正的自己，你將一步一步走出厭惡自己的濃霧森林。

72 所有你認為最負面、最糟的事

先說，這並不是一篇裹糖衣的安慰文，而是年紀漸長所獲得的體認。

所有你認為最負面最糟的事，裡頭必定也隱藏巨大的契機，讓人改變，推動你走上你真心想走的路。這很公平，運作機制是這樣的，你在人生的某個時間點，內在失衡了，在當時你壓抑下來，你告訴自己算了，沒關係，還好啦，人生哪有完美，諸如此類，為自己的痛苦裹上人工色素的糖衣。

但是時日久了，宇宙法則總是要平衡回來。你的失衡、壓抑與委屈，必須重獲平衡，所以宇宙更高機制安排了某些事件，就是你認為最負面最糟的那些，如果沒有發生這款等級的重大事件，根本無法真正破壞你長久建立起來的，不公平卻詭異自行平衡的既定模式，唯有徹底破壞，才有機會重建。

狗屎裡頭有黃金般的禮物，這裡面所蘊藏的美意，往往時間要拉得夠長夠遠，才能讓你心領神會，原來如此。

現在你認為最負面最糟的事，最後必會安然度過。現在閉上眼睛，想像一下過了一年、三年、十年之後的自己，那會是一個什麼樣的你？

你是美好的，輕盈的，心想事成，擁有你真正想要的人生。感受那是什麼樣的感受。現在張開眼睛，好好處理當下的狗屎事件吧，沒事的，你都會解決的，相信自己。

73 這是你的機會嗎？

希臘神話人物裡，機會之神的名字是Caerus，他前額有一撮頭髮，背後有一雙翅膀，雙腳的腳踝也都長有翅膀，當祂來到你面前的時候，只有一瞬間的機會能抓住祂，就是緊緊抓住祂前額的那撮髮，死命不放手，那麼這個機會就是屬於你的。

如果這一刻，你遲疑了，如果你的多疑，像煙霧一般籠罩你的心，如果你的手指稍稍鬆開，那麼祂就會立刻逃脫，張開全部翅膀以光速飛奔遠離你。

良機稍縱即逝，看見機會需要智慧，抓住機會需要勇氣。

今天會發生甚麼事情呢？在一連串事件中，你是否能辨認出屬於自己的機會呢？機會或許隱藏在一團令你討厭的情緒裡，或是像廢棄物一樣，堆積我們早已遺忘的角落裡，在你決定放棄之前，再想一次，換個角度思考，這會不會是你的機會呢？

機會之神並沒有忘了你，倒是你，你準備好了嗎？

74 關於看見自己，然後肯定自己

有一次，我心情陷入極度沮喪，和好朋友聊天。

我說，我好懊惱啊，過去我為什麼會做那些決定，我為什麼會選擇婚姻？為什麼會選擇這個人，為什麼當時覺得是對的，現在看來都是錯的，我會不會活到現在，根本就是枉費。

電腦另一端她傳來訊息：不是的。這是你會經歷的過程，但是，你真不必這樣想，人生還有很多你現在沒看見的，像是你的翻譯，你的事業，你對人類圖的熱情，還有你即席口譯的功力，你應該不知道現在的你，已經到了神級的境界了吧？

她是我非常看重的朋友，她給了我正面肯定，突如其來不預警地，擊潰了我，擊潰之後湧現的悲傷，還夾帶著冷靜，同時又悲涼。

長久以來，我總望著自己不滿意的，專注凝視不放過，而她只是輕輕帶我轉過身，她希望我看見自己放在背後的那些，那些我習以為常的，那些我其實蹲馬步也吃足苦頭，卻是經年累月，對自己嚴格才練就的功夫。

我選擇沒看見。我以為這是我理所當然要做到，也一定得做到的，但是這並不是理所當然，也不會憑空發生。

我選擇翻譯，不管筆譯或口譯，都是我真心喜愛的事，即便需要無數次鍛鍊，不斷練習，就算苦中作樂，我也能感到幸福。我喜歡中文英文流過我，即刻傳遞出去的每一個瞬間，那讓我覺得，我消失了，我可以不必存在，只需要中立的，歡喜的，徜徉在兩種文字的流動與交換之間，同時感受到理性與感性，還有人性，溫暖與殘忍，不堪與感動，怯弱與勇敢，每一個瞬間，我接收，也傳遞。

一眼瞬間，翻譯了十六年。

昨晚在翻譯里拉老師最後一堂課，是蛻變四步驟的環境工作坊，我仔細聽著她說的，然後放空我的頭腦，一句一句翻譯成中文，講出來。

雖然是線上，看不見學員臉上的表情，但是我知道，彼此共振相通，不管是喜悅糾結痛苦或掙扎，都是一句話，接著一句話，里拉老師看似輕描淡寫慢慢說，我也順順翻，但箇中深意與心意，一切都是順暢的，無縫接軌宛如彼此相通，靈魂共振，語言不再是障礙，也不該是障礙，因為我在啊。

我真的好會翻譯，我也好愛翻譯喔。這必定是我這輩子，來地球之前與神的約定，請賜與我翻譯的才能，讓我能以文字來服務更多人，我會好好珍惜，我也會玩得超級開心。

祂應允了我。

昨晚工作完，我將堆在客廳的洗乾淨的衣服，一件件摺好，梳洗完畢，心滿意足一覺到天亮，睡足十個小時才醒。

我會提醒我自己，要看見自己的好，肯定自己，人生遺憾難免，但我擁有更多，我是被神眷顧的幸運兒。

75 學習人類圖之後，所獲得的結論

許多事情皆非理所當然，每個人都有各自的難處。但是相對來說，每個人會走到現在的位置，也不是意外，每個人在過去所做的各種選擇，理所當然造就了現在的自己。若某個人在某些領域成就斐然，或許包含了許多先天的優勢與條件，包括家庭經濟狀況，與生俱來的天資天賦，生逢其時的幸運等等，這也並非理所當然，當事人必定也面對了某些人生中的困難，他也做了選擇。

學習人類圖，解讀許多人的設計之後，我有一些感想：

1. 幸運與選擇

沒有人是無來由的幸運，也沒有絕對的幸運。幸運是某個人站在某個角度所持的觀點，對於當事人來說，可能根本不會這樣解讀，因為沒人能站在他的位置上，看見他付出了多少代價。

2. 合理化愚昧

合理化自己的愚昧，是人生中最大的坑。你以為合理化就不必選擇，卻忘了不選擇也是一種選擇，你選擇得到一個無力的自己。

3. 優勢與弱勢

沒有絕對的優勢，也沒有絕對的弱勢，取決於你如何詮釋。

4. 如何運用資源

資源永遠都是有限的，與其抱怨，還不如想想可以如何運用，以有限的資源，盡可能去做最偉大的事。

5. 忌妒是一種相對性

你不必忌妒誰，因為這世上必定也有人忌妒著你，沒有絕對，只有相對。

6. 高下與階級

人有高下之分，也有階級之別，這是事實。或許一出生沒得選，但是人生過程中充滿各種選擇，活到最後的高下與階級，都基於你每一次的選擇。

以上並非糖衣包裹的好聽話，人類就是會有共通的困境，也常陷入既定的思維模式。就算是那些看來天生幸運的人，也不見得煩惱比較少。每個人都有屬於自己的煩惱，只是煩惱的性質與程度不同。如果你感覺生命苦澀，或許可以換個角度來看待，也許在之前的生命中，你曾渴望擁有現在的生活，因此決定來地球體驗一下，看看這次這個版本的體驗會如何。

每種人生都是獨特的體驗，這一次你實現了你的願望，請好好體會當下，珍惜你所擁有的，改變你的想法，才有機會翻轉既定的窠臼。

結語

回歸自己的身體，就能做回自己

英國有一首童謠《蛋頭人》（*Humpty Dumpty*），講述了蛋頭人摔碎的故事：

Humpty Dumpty sat on a wall.
Humpty Dumpty had a great fall.
All the king's horses and all the king's men
Couldn't put Humpty together again.

蛋頭人，坐牆頭，
栽了一個大跟斗。

千軍萬馬難挽回，
一地破碎難復回。

當我三十二歲那一年步入婚姻時，曾嘗試過一次靈性彩油療程，其中有一瓶標籤著Humpty Dumpty。當時我完全不明白這個隱喻與我的人生有何關聯，我的腦袋無法理解，於是默默我放在心底，以為自己早已忘記。

當婚姻結束，創業也經歷種種波折，有一天，我突然想起了那個蛋頭人，我笑了。對，我也像蛋頭人一樣摔得粉碎了。

蛋頭人一地破碎難復回，但我呢？

有一段時間，我的腦袋常常空白一片，或者被無邊無際的焦慮所困擾，彷彿人生道路上我走著走著，突然轉入一條黑暗的小巷，看不見出口，也看不見光。我曾有段時間每天睡很久，彷彿需要冬眠的熊一般。接著又生了一場病，再慢慢地康復，這一切都是漫長而緩慢的過程，無法加快，只能按部就班地生活：煮飯、洗衣、開課、翻譯，然而無論我多麼焦慮，都無法再次啟動創作的火花，我開始健身，規律運動，調整飲食，身體有其節奏，我只能學習領會、接受，順應，不必驚慌，也不必無端抵抗。

蛋頭人的粉碎，宛如我頭腦以為的一切都破碎了。但我的身體並沒有，身體有著自己的生命力，強大得超乎我想像，這是我真正讓身體本能引領我，我需要的是時間，還有相信自己。

我開始能更清楚地區分我的頭腦與身體，明白兩者如何交互影響，頭腦所編織出來的幻象，以及身體真實的力量。就像跳踢踏舞時，我常以為音樂節奏很快，不斷逼迫自己動得更快，但真正的節奏並非如此。

我的踢踏舞老師說：「音樂並沒有妳想像得那麼快。仔細聽，聽貝斯的重音，聽鼓聲的節奏，相對旋律只是表面的浮動，妳聽見了嗎？這就是爵士樂的層次。用身體去感受音樂，不要用腦袋想。」

這是第一次有人拆解爵士樂，讓我換了雙耳朵來聽。原來跳脫腦袋的世界，我所聽見的，看見的，感受到的，身體所擺動的，我可以進入一個不同以往，不同於腦袋所建構出來的世界。這也讓我反思，在真實人生裡，我是不是在腦袋裡編造出一套節奏，其實根本愚弄了自己。

身體會記得，身體能感受，身體有著自己的韻律，而頭腦以為的，往往製造不必要的驚慌，卻沒有讓我真正聽見真實的聲音。這也是我在過去這段日子，慢慢領悟到，頭腦所以為的，不一定是真的，身體的感受才真實。

若從體驗的層面來說，這就是身體教會我的，自私的覺悟，回歸自己的身體，就會找到路，當答案顯現的時候，你會知道的。

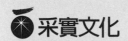

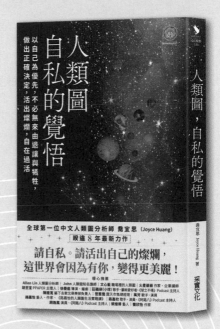

HEART
心|視野 心視野系列 133

人類圖，自私的覺悟

以自己為優先，不必無來由退讓與犧牲，
做出正確決定，活出燦爛，自在過活

作　　　者　喬宜思（Joyce Huang）
封 面 設 計　FE 工作室
內 文 排 版　黃雅芬
出版二部總編輯　林俊安

出　版　者　采實文化事業股份有限公司
業 務 發 行　張世明・林踏欣・林坤蓉・王貞玉
國 際 版 權　施維真・劉靜茹
印 務 採 購　曾玉霞・莊玉鳳
會 計 行 政　李韶婉・許俽瑀・張婕莛
法 律 顧 問　第一國際法律事務所　余淑杏律師
電 子 信 箱　acme@acmebook.com.tw
采 實 官 網　www.acmebook.com.tw
采 實 臉 書　www.facebook.com/acmebook01

I S B N　978-626-349-575-3
定　　　價　380 元
初 版 一 刷　2024 年 3 月
劃 撥 帳 號　50148859
劃 撥 戶 名　采實文化事業股份有限公司
104 台北市中山區南京東路二段 95 號 9 樓
電話：(02)2511-9798　傳真：(02)2571-3298

國家圖書館出版品預行編目資料

人類圖，自私的覺悟：以自己為優先，不必無來由退讓與犧牲，做出正確決定，活出燦爛，自在過活 / 喬宜思（Joyce Huang）著 . – 台北市：采實文化，2024.3
304 面；13.5×21 公分 . --（心視野系列；133）
ISBN 978-626-349-575-3（平裝）
1.CST: 占星術 2.CST: 自我實現
292.22　　113000618

采實出版集團
ACME PUBLISHING GROUP